© Inmaculada Mañez Blasco
La Inteligencia Emocional en la educación:
conectando con el estudiante
ISBN Libro en papel: 978-84-685-9421-7
ISBN eBook en PDF: 978-84-685-9422-4
Impreso en España
Editado por Bubok Publishing S.L

"La Inteligencia Emocional en la educación: conectando con el estudiante"

Autora: Inmaculada Máñez Blasco

Resumen:

"La Inteligencia Emocional en la Educación: Conectando con el Estudiante" es una obra que explora la importancia de la inteligencia emocional en el contexto educativo, tanto para docentes como para estudiantes. A lo largo de diez capítulos, el libro ofrece una mirada profunda al rol esencial que juegan las emociones en el proceso de enseñanza y aprendizaje.

En el *Capítulo 1,* se analiza la evolución del docente y su autoridad, pasando de un modelo tradicional de autoridad hacia uno más colaborativo y empático. El *Capítulo 2* introduce el concepto de inteligencia emocional, explicando su relevancia para los docentes y su impacto en el rendimiento académico. El *Capítulo 3* ofrece estrategias prácticas sobre cómo los docentes pueden aplicar la inteligencia emocional en su enseñanza, desde la autoconciencia emocional hasta la gestión de relaciones en el aula.

A lo largo de los siguientes capítulos, el libro profundiza en cómo desarrollar la inteligencia emocional en los docentes, con estrategias y herramientas en el Capítulo 4, y en el impacto positivo que tiene esta habilidad en el ambiente de aprendizaje, promoviendo el bienestar emocional de los estudiantes (*Capítulo 5*). El *Capítulo 6* aborda la importancia de la inteligencia emocional en la gestión de la diversidad, mientras que el *Capítulo 7* explora cómo los docentes pueden manejar el estrés y prevenir el agotamiento.

En el *Capítulo 8,* se analiza la conexión entre inteligencia emocional y motivación, ofreciendo estrategias para mejorar el rendimiento académico. El *Capítulo 9* incluye una serie de ejercicios prácticos diseñados para ayudar a los docentes a fortalecer su propia inteligencia emocional. Finalmente, el *Capítulo 10* proporciona una guía para aplicar la inteligencia emocional en la vida cotidiana del docente, promoviendo su bienestar y una enseñanza más efectiva.

El libro cierra con reflexiones finales sobre la importancia de cultivar la inteligencia emocional tanto a nivel personal como profesional, con el objetivo de crear un entorno educativo más humano, comprensivo y motivador.

Índice

Introducción: La nueva era educativa

A lo largo de la historia, la educación ha sido una piedra angular en la evolución de las sociedades, y su transformación continúa constantemente. En épocas pasadas, el docente era considerado una figura incuestionable, portadora de autoridad y conocimiento absoluto. Esta autoridad tradicional se construía sobre el respeto inmediato que los estudiantes le otorgaban, basado en la idea de que el maestro era el único poseedor del saber y el responsable de transmitirlo. El aula, en este contexto, se presentaba como un espacio donde el control, el orden y el respeto a la jerarquía eran fundamentales.

Sin embargo, en la actualidad, la figura del docente ha evolucionado significativamente. La autoridad ya no se concede de manera automática ni incondicional. En la sociedad contemporánea, los roles tradicionales en el aula han sido cuestionados, y los docentes deben negociar constantemente su autoridad y relación con los estudiantes. En lugar de ser los únicos transmisores de conocimiento, se espera que los docentes sean facilitadores, guías y modelos de comportamiento, capaces de adaptarse a los distintos contextos emocionales y sociales de sus alumnos. Esta transformación exige nuevas habilidades, sobre todo aquellas que permitan a los educadores comprender y gestionar no solo el aprendizaje cognitivo, sino también las emociones involucradas en el proceso educativo.

Es en este contexto de cambio, donde la inteligencia emocional juega un papel esencial. La capacidad de comprender, manejar y utilizar las emociones de manera efectiva, tanto propias como ajenas, es crucial para fomentar un ambiente educativo saludable y productivo. Para los docentes, la inteligencia emocional no es solo una habilidad personal, sino una herramienta clave para conectar con los estudiantes, gestionar la diversidad emocional en el aula y fomentar la motivación, la resiliencia y el bienestar general.

La inteligencia emocional permite a los educadores reconocer las necesidades emocionales de sus alumnos, adaptarse a sus estados de ánimo y crear un clima de confianza, respeto y colaboración. Los docentes emocionalmente inteligentes son capaces de leer las señales emocionales de los estudiantes, lo que les permite adaptar su enfoque pedagógico, motivar de manera efectiva y responder a las inquietudes emocionales de manera oportuna. Esta habilidad, que antes se consideraba secundaria al conocimiento académico, ha demostrado ser un componente fundamental para el éxito educativo, tanto en el ámbito académico como en el desarrollo personal de los estudiantes.

Este libro tiene como objetivo explorar cómo la inteligencia emocional transforma la enseñanza y el aprendizaje. A lo largo de sus capítulos, se analizará cómo esta habilidad influye directamente en la relación entre docentes y estudiantes, cómo impacta en la motivación y el rendimiento académico, y qué estrategias pueden adoptar los educadores para integrar la inteligencia emocional en su práctica pedagógica diaria. Además, se abordarán las implicaciones de este enfoque tanto para los estudiantes como para los propios docentes, quienes también pueden beneficiarse del desarrollo de su inteligencia emocional en su bienestar y desempeño profesional.

La educación, en este nuevo contexto, no solo debe enfocarse en la transmisión de conocimientos, sino también en la creación de un espacio emocionalmente seguro y estimulante, donde los estudiantes puedan desarrollar tanto sus competencias cognitivas como socioemocionales. Este libro busca ofrecer un enfoque integral, donde la inteligencia emocional se vea como un eje fundamental para el crecimiento y el éxito tanto de los docentes como de los estudiantes.

Capítulo 1: La historia del docente y su autoridad

Introducción

La figura del docente ha sido históricamente uno de los pilares fundamentales de la educación. Durante siglos, el rol del docente se caracterizó por una autoridad indiscutible. La relación entre el profesor y el estudiante era asimétrica: el primero era el depositario del conocimiento, mientras que el segundo era el receptor pasivo de ese saber. La autoridad del docente era el principio que organizaba la dinámica educativa: un docente con gran autoridad era respetado y temido por los estudiantes, y sus palabras eran, casi sin cuestionamientos, la verdad absoluta.

Este modelo educativo tradicional se sustentaba en un contexto social en el que el respeto a la figura de autoridad era un valor central. Sin embargo, con el paso del tiempo, los cambios sociales, políticos y culturales han alterado profundamente la naturaleza de la educación y, por ende, la de los docentes. Hoy en día, los docentes enfrentan un entorno en el que la autoridad debe ser constantemente validada y negociada, y la relación con los estudiantes ha pasado de ser unidireccional a ser más interactiva y colaborativa.

La autoridad tradicional del docente

Para entender la transformación de la autoridad docente, es necesario regresar a la época en la que los sistemas educativos eran más rígidos y jerárquicos. En el pasado, la educación se caracterizaba por una estructura vertical donde el docente se erigía como el transmisor exclusivo del conocimiento. En muchos países, la figura del docente era vista con un respeto absoluto: la disciplina, la obediencia y la dedicación al estudio eran imperativos en las aulas, y las herramientas de enseñanza se limitaban en su mayoría al libro de texto y la exposición oral.

Los estudiantes, por su parte, no tenían espacio para cuestionar el conocimiento impartido por el docente. El respeto a la figura del maestro era esencial, no solo en el aula, sino también en la sociedad en general. Esta estructura educativa reforzaba la jerarquía y el orden, pero también limitaba el desarrollo de habilidades de pensamiento crítico y de participación activa por parte de los estudiantes. La relación maestro-estudiante era una relación de poder, y el aprendizaje se consideraba un proceso pasivo.

Los cambios sociales, educativos y culturales: de la autoridad a la negociación

Con el avance de los siglos, especialmente a lo largo del siglo XX, comenzaron a surgir movimientos sociales y educativos que desafiaron las estructuras autoritarias tradicionales. Los avances en los derechos civiles, el feminismo, la democracia y la igualdad de oportunidades generaron un ambiente propicio para cuestionar el statu quo, también en el ámbito educativo. La educación dejó de ser vista como un proceso donde los estudiantes eran simples receptores de conocimiento, para pasar a ser un proceso dinámico y colaborativo, en el que los estudiantes se convierten en sujetos activos de su propio aprendizaje.

A medida que la sociedad avanzaba hacia modelos más democráticos, las estructuras de autoridad rígidas fueron dando paso a una educación más inclusiva y participativa. La figura del docente comenzó a transformarse de un "sabio infalible" a un facilitador del aprendizaje, un guía que ayuda a los estudiantes a desarrollar sus propias capacidades y habilidades. En este nuevo contexto, la autoridad dejó de ser un hecho automático basado en el rol y la experiencia del docente, y comenzó a ser una atribución negociada a través de la interacción continua con los estudiantes.

En lugar de ser la figura que "manda" sin explicación, el docente ahora se enfrenta a la necesidad de ganar el respeto de los estudiantes mediante su competencia, empatía, habilidades de comunicación y capacidad de generar confianza. El docente ya no es simplemente quien imparte conocimientos; ahora, debe ser también un modelo de conductas emocionales y sociales, capaz de establecer un entorno de aprendizaje positivo y colaborativo.

El nuevo rol del docente: negociación y colaboración

La autoridad docente moderna está basada en principios de respeto mutuo, cooperación y empatía emocional. En lugar de ser una figura que impone su voluntad sin cuestionamientos, el docente actual debe ganarse el respeto de los estudiantes. La relación profesor-estudiante se ha democratizado: ahora, los estudiantes tienen voz, y su capacidad de cuestionar y participar activamente en su proceso de aprendizaje es esencial.

En este contexto, el docente debe ser capaz de manejar una serie de desafíos relacionados con la gestión emocional, la diversidad cultural, las tecnologías emergentes y las necesidades sociales y psicológicas de los estudiantes. La figura del docente emocionalmente inteligente emerge como crucial en este nuevo modelo. Para poder liderar en un entorno educativo cambiante, los docentes deben aprender a gestionar sus propias emociones, comprender las emociones de sus estudiantes y crear un espacio emocionalmente seguro que promueva el aprendizaje y el desarrollo integral de los estudiantes.

Este proceso de negociación constante de la autoridad implica que el docente debe tener habilidades no solo pedagógicas, sino también emocionales. Los docentes de hoy no solo deben enseñar contenido, sino también aprender a manejar las emociones que surgen en el aula, gestionar conflictos, y fomentar la colaboración, el respeto y la motivación entre los estudiantes.

Escena de aula

En una clase donde el alumnado habla constantemente mientras se explica una actividad, el docente puede optar por elevar el tono y reclamar silencio inmediato. Sin embargo, en muchas ocasiones, esto solo genera más resistencia. En una situación similar, detener la explicación durante unos segundos, mirar al grupo y expresar con calma: *"Necesito vuestra atención para poder continuar"*, suele tener un efecto más regulador que la imposición directa.

Este tipo de intervención no elimina la autoridad del docente, sino que la redefine desde el respeto mutuo y la gestión consciente de la situación emocional del grupo.

La autoridad del docente en el futuro: un modelo de colaboración y empatía

El futuro de la educación apunta hacia modelos aún más horizontales, en los que los estudiantes se convierten en los protagonistas de su propio aprendizaje. Sin embargo, esto no significa que la figura del docente desaparezca; al contrario, el rol del docente se revalora como una figura clave para guiar el proceso de aprendizaje y desarrollo emocional de los estudiantes. La autoridad docente del futuro será una autoridad que se basa en la conexión emocional, el respeto mutuo, y la empatía.

El docente no será visto solo como el transmisor de conocimientos, sino como un mentor emocionalmente inteligente, capaz de comprender las necesidades emocionales de sus estudiantes, motivarlos y ayudarles a enfrentar los desafíos que el mundo educativo les presenta. La enseñanza del futuro será más inclusiva, más reflexiva y más centrada en el bienestar integral del estudiante.

Dificultades habituales en la práctica docente

Transitar de un modelo de autoridad tradicional a uno basado en la colaboración y la empatía no es un proceso inmediato ni sencillo. Muchos docentes sienten inseguridad cuando intentan aplicar enfoques más dialogantes, especialmente en contextos donde el alumnado está habituado a normas rígidas o a una autoridad vertical.

A ello se suma el cansancio acumulado, la presión del currículo y la falta de apoyo institucional, factores que dificultan sostener este modelo en el día a día. En ocasiones, el docente sabe qué enfoque sería más adecuado desde el punto de vista emocional, pero no siempre dispone del tiempo o la energía necesarios para llevarlo a cabo.

Reconocer estas dificultades no implica renunciar a una autoridad empática, sino asumir que también se construye desde la práctica, el error y la reflexión continua.

Conclusión del capítulo 1

La figura del docente ha cambiado enormemente a lo largo del tiempo, pasando de ser una autoridad incuestionable a convertirse en una figura cuya autoridad debe ser constantemente validada y negociada. Esta transformación refleja los profundos cambios sociales y culturales que han tenido lugar en la sociedad, y que han dado lugar a una educación más democrática, inclusiva y colaborativa. En este nuevo paradigma, los docentes deben ser capaces de gestionar tanto su conocimiento académico como su inteligencia emocional, para crear un entorno de aprendizaje que fomente el bienestar, la participación activa y el desarrollo integral de los estudiantes.

Desde esta perspectiva, la autoridad docente no se impone ni se pierde, sino que se construye día a día a través de decisiones pedagógicas y emocionales conscientes que influyen directamente en el clima del aula.

Para llevar al aula

Idea clave: La autoridad docente no desaparece cuando se dialoga; se transforma y se fortalece cuando se gestiona desde la coherencia emocional.

Práctica concreta (5 minutos): Antes de comenzar una clase especialmente compleja, dedica un minuto a explicar con claridad qué se espera del grupo y por qué.

Frase docente útil: "Para que esta clase funcione, necesito vuestra colaboración."

Error frecuente a evitar: Confundir autoridad empática con permisividad.

Capítulo 2: ¿Qué es la Inteligencia Emocional y por qué es importante para los docentes?

Introducción

En el contexto educativo actual, los docentes se enfrentan a desafíos cada vez mayores: desde la gestión de la diversidad en el aula hasta el manejo de situaciones emocionales complejas de sus estudiantes. Ante este panorama, la inteligencia emocional (IE) se ha convertido en una de las habilidades más valoradas para los educadores. Pero ¿qué es la inteligencia emocional y por qué es tan crucial para los docentes?

La IE es un concepto que se refiere a la capacidad de reconocer, comprender y gestionar nuestras propias emociones, así como la capacidad de reconocer, comprender e influir en las emociones de los demás. Esta habilidad no solo es esencial en la vida personal, sino que juega un papel crucial en la práctica docente. Un docente con alta Inteligencia Emocional es capaz de crear un ambiente de aprendizaje más saludable, mejorar la comunicación con los estudiantes y fomentar el bienestar emocional tanto propio como de los alumnos.

Definición de Inteligencia Emocional

El término "inteligencia emocional" fue popularizado por el psicólogo Daniel Goleman en su libro *Emotional Intelligence* (1995). Según Goleman, la IE está compuesta por cinco competencias clave que influyen en nuestra capacidad para manejar las emociones de manera eficaz:

1. Autoconciencia: La habilidad de reconocer y entender nuestras propias emociones y cómo estas afectan nuestros pensamientos y comportamientos. La autoconciencia es esencial para que los docentes comprendan sus propias reacciones emocionales ante diferentes situaciones en el aula.

2. Autorregulación: La capacidad de controlar o redirigir impulsos y estados de ánimo disruptivos. Para los docentes, la autorregulación significa mantener la calma y tomar decisiones reflexivas, incluso en momentos de estrés o frustración.

3. Motivación: La habilidad de estar motivado para alcanzar objetivos por encima de las recompensas externas. Un docente motivado no solo se enfoca en los resultados inmediatos, sino que también inspira a sus estudiantes a involucrarse activamente en su proceso de aprendizaje.

4. Empatía: La capacidad de entender y compartir los sentimientos de los demás. La empatía es crucial para los docentes, ya que les permite reconocer las necesidades emocionales de sus estudiantes y adaptarse a sus diferentes contextos y experiencias.

5. Habilidades Sociales: La habilidad de gestionar las relaciones y construir redes sociales saludables. Para un docente, esto incluye la capacidad de comunicarse de manera efectiva con los estudiantes, padres y compañeros, y fomentar un ambiente de colaboración y respeto mutuo.

La Importancia de la Inteligencia Emocional para los docentes

La enseñanza no solo se trata de impartir conocimientos académicos. Los estudiantes pasan gran parte de su tiempo en el aula, y durante este tiempo, también están desarrollando habilidades emocionales y sociales. Por ello, los docentes no solo deben ser expertos en sus áreas de conocimiento, sino también en la gestión de sus propias emociones y las de sus estudiantes.

1. Creación de un entorno emocionalmente seguro: Un docente emocionalmente inteligente es capaz de crear un ambiente en el aula donde los estudiantes se sienten seguros para expresarse, cometer errores y aprender de ellos. Un entorno emocionalmente seguro fomenta la creatividad, el pensamiento crítico y el aprendizaje activo.

2. Manejo de la diversidad: Las aulas modernas son muy diversas, no solo en términos de origen cultural, sino también en lo que respecta a las necesidades emocionales de los estudiantes. La empatía y las habilidades sociales permiten al docente comprender mejor las diferentes realidades de sus alumnos y adaptar su enseñanza a sus necesidades emocionales y sociales.

3. Mejora de la comunicación: La comunicación efectiva no solo es verbal, sino también emocional. Los docentes que son emocionalmente inteligentes pueden leer las señales no verbales de los estudiantes (como expresiones faciales,

lenguaje corporal, etc.) y responder de manera adecuada. Esta capacidad mejora la relación profesor-estudiante y contribuye a un mejor ambiente de aprendizaje.

4. Prevención y resolución de conflictos: En cualquier aula, pueden surgir conflictos. La inteligencia emocional permite a los docentes gestionar estas situaciones de manera efectiva, ayudando a resolver disputas de manera justa y sin agravar el malestar emocional de los estudiantes involucrados.

5. Fomento del bienestar emocional de los estudiantes: Los docentes emocionalmente inteligentes no solo gestionan sus propias emociones, sino que también tienen un impacto positivo en el bienestar emocional de sus estudiantes. Pueden identificar señales de estrés, ansiedad o dificultades emocionales y ofrecer el apoyo necesario, ya sea a través de una conversación, derivación a un profesional o creando un espacio adecuado para la expresión emocional.

Escena de aula

En una jornada en la que el clima del grupo está especialmente tenso, el docente puede percibir que las explicaciones no avanzan y que el alumnado responde con apatía o irritación. En lugar de insistir en el contenido previsto, detener la dinámica durante unos minutos para reconocer el estado emocional del grupo —por ejemplo, preguntando cómo se sienten o verbalizando que se percibe cansancio— suele generar una respuesta más colaborativa.

Este tipo de intervención no supone perder tiempo académico, sino facilitar las condiciones emocionales necesarias para que el aprendizaje pueda producirse.

La Inteligencia Emocional y el rendimiento académico

La conexión entre la inteligencia emocional y el rendimiento académico es cada vez más evidente. Numerosos estudios (Duckworth & Seligman, 2018; Hattie, 2019; Walton & Cohen, 2011), han demostrado que los estudiantes que tienen un entorno emocionalmente positivo son más propensos a tener éxito académico. ¿Por qué? Porque las emociones juegan un papel fundamental en la forma en que los estudiantes procesan la información, resuelven problemas y mantienen su motivación para aprender.

- Reducción del estrés: Un ambiente emocionalmente seguro y positivo reduce el estrés, lo cual mejora la capacidad de concentración y el rendimiento académico.

- Mayor motivación y compromiso: Los estudiantes que se sienten apoyados emocionalmente son más propensos a participar activamente en su proceso de aprendizaje y a desarrollar una actitud positiva hacia la escuela.

- Desarrollo de habilidades sociales: La inteligencia emocional en los docentes también impacta en el desarrollo de habilidades sociales en los estudiantes. Los docentes actúan como modelos de conducta emocional, mostrando cómo manejar las emociones de manera saludable y efectiva, lo cual ayuda a los estudiantes a desarrollar estas habilidades en su propia vida.

El docente emocionalmente inteligente como líder educativo

Un docente emocionalmente inteligente no solo actúa como un facilitador del aprendizaje, sino también como un líder dentro del aula. La Inteligencia Emocional se convierte en una herramienta poderosa para liderar de manera efectiva, porque un buen líder educativo debe ser capaz de manejar las emociones propias y de los demás para lograr un ambiente de confianza y respeto.

- Inspiración y motivación: Los docentes que demuestran inteligencia emocional pueden inspirar a sus estudiantes a alcanzar su máximo potencial, no solo en lo académico, sino también en lo personal. Su capacidad para conectar emocionalmente con los estudiantes genera un sentido de pertenencia y motivación en el aula.

- Modelo de conducta: Los docentes emocionalmente inteligentes sirven como modelos de cómo gestionar las emociones en situaciones desafiantes. Al mostrar autorregulación, empatía y habilidades sociales, pueden enseñar a los estudiantes a hacer lo mismo.

Dificultades habituales en la aplicación de la inteligencia emocional

Aunque la inteligencia emocional es ampliamente reconocida como una competencia clave en la docencia, su aplicación real en el aula no siempre resulta sencilla. Muchos docentes manifiestan dificultades para atender las emociones del alumnado sin sentir que descuidan los contenidos curriculares o los objetivos académicos establecidos.

A ello se suma la carga emocional que ya asume el profesorado, lo que puede generar la sensación de no disponer de recursos personales suficientes para sostener emocionalmente al grupo. En determinados momentos, el docente puede sentirse desbordado, especialmente cuando no existe un apoyo institucional claro o espacios de acompañamiento profesional.

Reconocer estas dificultades permite entender la inteligencia emocional no como una exigencia añadida, sino como un proceso gradual de aprendizaje y desarrollo profesional.

Conclusión del capítulo 2

La inteligencia emocional es una habilidad fundamental para los docentes en el contexto educativo actual. Más allá del conocimiento académico, la capacidad de gestionar las emociones propias y de los estudiantes permite a los educadores crear un ambiente positivo y productivo para el aprendizaje. Un docente emocionalmente inteligente no solo mejora la calidad de la enseñanza, sino que también contribuye al bienestar emocional de los estudiantes, lo que a su vez potencia su rendimiento académico y desarrollo personal. A medida que la educación sigue evolucionando, la inteligencia emocional se consolidará como una de las competencias más importantes para los docentes del futuro.

Para llevar al aula

Idea clave: La inteligencia emocional no es un añadido al trabajo docente, sino una base que condiciona la calidad del aprendizaje y de las relaciones en el aula.

Práctica concreta (5–10 minutos): Al inicio o al final de una clase, dedica unos minutos a identificar cómo se siente el grupo. Puede hacerse mediante una pregunta abierta o con una palabra que resuma el estado emocional del aula.

Frase docente útil: "Antes de continuar, me interesa saber cómo os sentís hoy."

Error frecuente a evitar: Pensar que trabajar la inteligencia emocional significa resolver todos los problemas emocionales del alumnado.

Capítulo 3: La Inteligencia Emocional en la práctica docente

Introducción

La inteligencia emocional no es solo una teoría abstracta o una habilidad que se debe comprender intelectualmente, sino que debe ser aplicada de manera práctica y concreta en el contexto educativo. En este capítulo, exploraremos cómo los docentes pueden integrar la inteligencia emocional en su práctica diaria, con herramientas y estrategias que les ayuden a gestionar sus emociones, comprender mejor a sus estudiantes y crear un ambiente de aprendizaje más saludable.

El aula es un lugar donde las emociones fluyen constantemente, tanto de los estudiantes como de los propios docentes. La capacidad de gestionar estas emociones de manera efectiva puede marcar la diferencia en el éxito educativo. Los docentes que dominan la inteligencia emocional son capaces de ser más reflexivos, empáticos y resilientes, lo que les permite superar los desafíos cotidianos de la enseñanza y fortalecer las relaciones con sus estudiantes.

1. Autoconciencia Emocional en la Enseñanza

La autoconciencia es el primer pilar de la inteligencia emocional. Implica ser capaz de reconocer y comprender nuestras propias emociones, así como el impacto que estas tienen en nuestro comportamiento y desempeño. En el contexto docente, la autoconciencia emocional es fundamental para que los educadores puedan identificar sus propias reacciones emocionales frente a situaciones diversas en el aula.

¿Cómo aplicar la autoconciencia emocional en el aula?

• Reflexión personal: Los docentes deben ser conscientes de cómo se sienten en el aula en todo momento. Reflexionar sobre sus emociones después de una clase, especialmente si hubo conflictos o momentos estresantes, les ayuda a entender mejor sus propias reacciones y cómo podrían gestionarlas mejor en el futuro.

• Reconocimiento de disparadores emocionales: Es importante que los docentes reconozcan los eventos o comportamientos que pueden desencadenar sus emociones. Por ejemplo, puede ser una respuesta agresiva de un estudiante o una situación en la que no se cumplen sus expectativas. Identificar estos disparadores ayuda a manejar las reacciones emocionales de manera más saludable.

• Modelar la autoconciencia: Al compartir con los estudiantes que todos experimentamos emociones y que es válido reconocerlas, los docentes pueden enseñarles a sus estudiantes a hacer lo mismo. Esto puede incluir frases como "Estoy sintiendo frustración ahora mismo, pero lo voy a manejar porque tengo herramientas para hacerlo" o "Estoy feliz de ver que todos están participando".

2. Autorregulación: gestionando las emociones en el aula

La autorregulación, o autocontrol emocional, es la capacidad de manejar nuestras emociones de manera efectiva, sin dejar que nos controlen. En el contexto docente, esto implica mantener la calma en momentos de estrés, controlar las respuestas impulsivas y manejar los conflictos de manera equilibrada.

Estrategias para practicar la autorregulación emocional en el aula

• Técnicas de respiración y mindfulness: Los docentes pueden practicar técnicas de respiración profunda o mindfulness (atención plena) para calmarse en momentos de estrés. Esto les permite tomar decisiones más reflexivas, incluso cuando enfrentan situaciones desafiantes, como una discusión acalorada entre estudiantes.

• Pausa emocional: Si un docente siente que está perdiendo el control emocional, una estrategia clave es darse una "pausa emocional". Esto significa tomar un momento para alejarse de la situación, respirar profundamente y evaluar cómo responder de manera más calmada y constructiva.

• Autocuidado: Practicar la autorregulación no solo involucra controlar las emociones en momentos difíciles, sino también cuidar de sí mismo fuera del aula. El autocuidado es esencial para mantener el equilibrio emocional, lo que incluye descanso adecuado, ejercicio físico, y tiempo para actividades que recarguen las energías.

Escena de aula

Durante una explicación, un comentario desafiante de un estudiante genera tensión en el aula. La reacción inmediata del docente podría ser responder de forma impulsiva o elevar el tono. Sin embargo, detenerse unos segundos, respirar profundamente y responder con una frase breve y calmada permite reconducir la situación sin escalar el conflicto.

Esta autorregulación no elimina la autoridad del profesor, sino que la refuerza, ya que transmite seguridad emocional y control de la situación.

3. Empatía: comprendiendo a los estudiantes y sus necesidades

La empatía es la habilidad de reconocer, comprender y compartir los sentimientos de los demás. Es una de las competencias emocionales más cruciales para los docentes, ya que les permite ponerse en el lugar de sus estudiantes y comprender mejor sus emociones, necesidades y dificultades.

¿Cómo aplicar la empatía en la práctica docente?

• Escucha activa: Los docentes deben escuchar a sus estudiantes no solo con los oídos, sino con el corazón. Esto implica estar completamente presentes en la conversación, mostrar interés genuino por lo que los estudiantes están diciendo y hacer preguntas abiertas para profundizar en sus pensamientos y sentimientos.

• Validación emocional: Reconocer y validar las emociones de los estudiantes es clave. Un estudiante que se siente comprendido y apoyado será más propenso a abrirse y a involucrarse en el proceso de aprendizaje. Por ejemplo, si un estudiante se siente ansioso antes de un examen, un docente puede decir: "Entiendo que estás nervioso por el examen, es completamente normal sentir eso. Lo importante es que te prepares lo mejor que puedas y que tomes las cosas con calma."

• Adaptación a las necesidades emocionales de los estudiantes: La empatía permite a los docentes adaptarse a las emociones de los estudiantes. Algunos estudiantes pueden necesitar más apoyo emocional debido a situaciones familiares, problemas de salud mental o dificultades de aprendizaje.

- La empatía ayuda a reconocer estas necesidades y ofrecer soluciones personalizadas.

4. Habilidades sociales: gestionando las relaciones en el aula

Las habilidades sociales son esenciales para cualquier docente, ya que involucran la capacidad de comunicarse de manera efectiva, resolver conflictos y establecer relaciones saludables tanto con los estudiantes como con otros miembros de la comunidad educativa.

Estrategias para mejorar las habilidades sociales de los docentes

Comunicación efectiva: Los docentes deben ser claros en su comunicación y fomentar un diálogo abierto con los estudiantes. Esto incluye expresar las expectativas de manera clara, hacer preguntas que inviten a la reflexión, y fomentar un ambiente donde todos se sientan cómodos para expresar sus opiniones. Por ejemplo:

Docente: "Hoy vamos a resolver un problema de álgebra. Si algo no está claro, por favor, pregúntenme en cualquier momento. ¿Alguien tiene dudas sobre lo que hemos visto hasta ahora?"

Estudiante: "No entiendo cómo llegamos a este paso."

Docente: "¡Gracias por señalarlo! Vamos a repasarlo juntos. Lo que hicimos fue dividir ambos lados de la ecuación por 2. ¿Lo ves ahora más claro?"

Este ejemplo muestra cómo el docente invita al estudiante a expresar dudas y responde de forma clara, creando un ambiente de confianza y apertura.

Manejo de conflictos: Los conflictos son inevitables en cualquier aula, pero un docente emocionalmente inteligente sabe cómo abordarlos de manera constructiva. Esto puede incluir mediar en una discusión entre estudiantes de manera imparcial o enseñarles estrategias para resolver disputas sin recurrir a la violencia o agresión. Por ejemplo:

Estudiante 1: "¡Profe, él me empujó!"

Estudiante 2: "¡Yo no lo hice a propósito!"

Docente: "Entiendo que ambos estéis molestos. Vamos a calmarnos y hablar sobre lo que sucedió. Primero, quiero que ambos expliquen lo que pasó sin interrumpirse. Después, vamos a buscar una solución que ambos acepten."

Este ejemplo muestra cómo el docente puede intervenir de manera imparcial, fomentando el diálogo y enseñando a los estudiantes a resolver el conflicto de manera pacífica.

Trabajo en equipo: Las habilidades sociales también incluyen la capacidad de trabajar eficazmente en equipo. Los docentes que fomentan la colaboración entre sus estudiantes y entre ellos mismos contribuyen a crear una cultura escolar más cohesionada y respetuosa. Por ejemplo:

Docente: "Hoy vamos a trabajar en grupos para crear una presentación sobre los ecosistemas. Cada grupo investigará un tipo de ecosistema, como el bosque, el desierto o el océano. Es importante que todos y todas participéis, y que compartáis ideas para que la presentación sea lo más completa posible. Al finalizar, cada grupo presentará su ecosistema al resto de la clase."

Este ejemplo muestra cómo el docente promueve la colaboración y el trabajo en equipo en un proyecto interdisciplinario, ayudando a los estudiantes a desarrollar sus habilidades sociales mientras trabajan juntos.

5. Aplicación práctica de la Inteligencia Emocional: casos y ejemplos

Una de las formas más efectivas de aplicar la inteligencia emocional en el aula es a través de ejemplos prácticos. A continuación, se presentan algunos casos en los que los docentes pueden poner en práctica la Inteligencia Emocional:

- Caso 1: Manejo de un estudiante disruptivo: Un docente que reconoce que un estudiante está actuando de manera disruptiva debido a un problema en casa, puede utilizar su empatía para abordar la situación de manera sensible, buscando una conversación privada para ofrecer apoyo sin juzgar.

- Caso 2: Motivación en un estudiante desinteresado: Un estudiante que muestra poco interés en clase puede ser motivado al identificar qué emociones o intereses subyacentes lo están afectando, creando un vínculo personal con él y adaptando las lecciones a sus pasiones.

- Caso 3: Reconocimiento de logros y refuerzo positivo: Un estudiante ha logrado mejorar en sus calificaciones y necesita reconocimiento por sus esfuerzos. El docente, al aplicar la inteligencia emocional, puede reforzar este logro de manera positiva diciéndole: "he notado que has estado trabajando mucho últimamente, y tus esfuerzos están dando frutos. ¡Es increíble ver cómo te has superado! Este tipo de refuerzo positivo fomenta la autoestima del estudiante y refuerza su motivación.

- Caso 4: Apoyo a un estudiante que está pasando por una situación difícil: Un estudiante llega a clase visiblemente afectado por una situación personal difícil como por ejemplo una pérdida de un familiar o amigo. El docente puede aplicar la inteligencia emocional al mostrar empatía: "Parece que no te sientes bien hoy. Si necesitas hablar o tomarte un momento, estoy aquí para escucharte." Esta intervención permite al estudiante sentirse apoyado y comprendido, y demuestra que el docente valora su bienestar emocional.

Dificultades habituales en la práctica emocional diaria

Aunque muchas estrategias de inteligencia emocional son conocidas por el profesorado, aplicarlas de manera constante en el día a día del aula resulta complejo. La presión del tiempo, la gestión del grupo y la atención simultánea a múltiples demandas hacen que, en ocasiones, el docente actúe de manera reactiva en lugar de reflexiva.

Además, no todas las estrategias funcionan de igual manera con todos los grupos. Lo que resulta eficaz en una clase puede no dar el mismo resultado en otra, lo que puede generar frustración o sensación de ineficacia profesional.

Entender estas dificultades como parte del proceso permite al docente ajustar sus expectativas y avanzar hacia una práctica emocionalmente más consciente y flexible.

Conclusión del Capítulo 3

La inteligencia emocional no es solo una habilidad abstracta, sino una herramienta práctica y poderosa para los docentes. Desde la autoconciencia hasta las habilidades sociales, cada una de las competencias emocionales puede aplicarse en el aula para crear un ambiente de aprendizaje más efectivo y enriquecedor. Los docentes que practican la Inteligencia Emocional son capaces de manejar las complejidades emocionales del aula, construir relaciones sólidas con sus estudiantes y ayudarles a superar los obstáculos emocionales que puedan enfrentar, mejorando así su desarrollo académico y personal.

Aplicar la inteligencia emocional en el aula no significa actuar siempre de forma perfecta, sino tomar decisiones más conscientes en contextos reales y cambiantes.

Para llevar al aula

Idea clave: La inteligencia emocional se construye en pequeñas decisiones cotidianas, no solo en grandes intervenciones.

Práctica concreta (5 minutos): Antes de responder a una situación tensa, haz una pausa breve y formula mentalmente qué emoción estás sintiendo y cómo quieres responder.

Frase docente útil: "Vamos a calmarnos un momento y retomamos la actividad."

Error frecuente a evitar: Creer que autorregularse implica reprimir las emociones en lugar de gestionarlas.

Capítulo 4: Desarrollo de la Inteligencia Emocional en los docentes: estrategias y herramientas

Introducción

El desarrollo de la inteligencia emocional no es un proceso que ocurra de manera instantánea. Es una habilidad que se puede cultivar a lo largo del tiempo con la práctica y el compromiso. Para los docentes, el desarrollo de la inteligencia emocional es crucial, no solo para mejorar su capacidad de manejar las emociones en el aula, sino también para ser modelos de comportamiento emocionalmente inteligentes para sus estudiantes.

Este capítulo ofrece una serie de estrategias y herramientas que los docentes pueden emplear para mejorar su propia inteligencia emocional. A través de estas prácticas, los educadores pueden fortalecer su autoconciencia, autorregulación, empatía, habilidades sociales y motivación, lo que repercutirá positivamente en su bienestar personal y en la calidad de la enseñanza que brindan.

1. Técnicas para mejorar la autoconciencia emocional

La autoconciencia es la base de la inteligencia emocional. Sin ser conscientes de nuestras propias emociones, es difícil gestionar cómo nos afectan o cómo impactan a los demás. Por lo tanto, cultivar una mayor autoconciencia es el primer paso en el desarrollo de la inteligencia emocional.

Estrategias para mejorar la autoconciencia emocional:

• Diario emocional: Llevar un diario emocional es una de las prácticas más efectivas para aumentar la autoconciencia. Los docentes pueden dedicar unos minutos al final de cada día para escribir sobre cómo se sintieron en el aula, qué eventos desencadenaron esas emociones y cómo respondieron. Este ejercicio permite identificar patrones emocionales y áreas de mejora.

• Mindfulness (atención plena): La práctica de mindfulness ayuda a los docentes a ser más conscientes de sus emociones en el momento presente. Al practicar la atención plena, los docentes aprenden a observar sus pensamientos y emociones sin juzgarlos, lo que les permite tomar decisiones más reflexivas y menos impulsivas. Practicar mindfulness

puede ser tan simple como hacer una respiración profunda antes de entrar al aula o al comenzar una clase.

• Autoevaluación periódica: Los docentes pueden realizar autoevaluaciones periódicas de su propio bienestar emocional y habilidades de Inteligencia Emocional. Esto incluye reflexionar sobre sus fortalezas y debilidades emocionales, así como identificar las áreas en las que necesitan más desarrollo. Hay muchas herramientas en línea y cuestionarios de autoevaluación de la inteligencia emocional que pueden ser útiles.

• Feedback de compañeros: Una de las maneras de aumentar la autoconciencia es recibir retroalimentación de otros docentes. Observar cómo otros gestionan las emociones en el aula, así como pedirles su perspectiva sobre el propio manejo emocional, puede ser revelador.

Escena profesional

Al finalizar una jornada especialmente intensa, el docente percibe cansancio, irritabilidad y una sensación de haber reaccionado de forma automática en varias situaciones. Dedicar unos minutos al final del día para revisar mentalmente qué emociones han predominado y en qué momentos se han activado permite identificar patrones que, de otro modo, pasarían desapercibidos.

Esta toma de conciencia no busca juzgar la actuación docente, sino comprenderla para poder ajustarla progresivamente.

2. Fomentando la autorregulación emocional

La autorregulación es la habilidad de controlar y gestionar nuestras emociones, especialmente en situaciones difíciles. Para los docentes, la autorregulación es esencial para mantener la calma, manejar el estrés y responder de manera adecuada a los desafíos emocionales en el aula.

Estrategias para mejorar la autorregulación emocional:

• Técnicas de relajación y respiración: Incorporar técnicas de relajación, como respiraciones profundas, puede ser muy útil para los docentes cuando sienten que sus emociones se están desbordando. La respiración abdominal, por ejemplo, es una técnica efectiva para reducir la ansiedad y el estrés. Los docentes pueden practicar estas técnicas antes de clases difíciles o durante momentos tensos en el aula.

• Técnicas de visualización: La visualización positiva es otra estrategia útil para la autorregulación. Los docentes pueden visualizarse a sí mismos manejando situaciones difíciles de manera calmada y efectiva, lo que ayuda a entrenar el cerebro para reaccionar de manera más controlada cuando la situación real ocurre.

• Pausas activas: Durante la jornada escolar, es fundamental que los docentes tomen breves descansos para descansar su mente y cuerpo. Estas pausas les permiten desestresarse, reducir la fatiga emocional y recuperar la energía para la siguiente tarea. Al incluir pausas activas (como estiramientos, caminatas cortas o meditación) en su rutina, los docentes pueden mejorar su autorregulación emocional a largo plazo.

• Establecer límites saludables: Para evitar el agotamiento emocional, los docentes deben aprender a establecer límites claros entre el trabajo y su vida personal. Asegurarse de desconectar de las preocupaciones laborales durante el tiempo libre, es esencial para mantener un equilibrio emocional adecuado.

3. Cultivando la empatía en el aula

La empatía es la capacidad de comprender y compartir los sentimientos de los demás. Para los docentes, la empatía es crucial para crear un ambiente de apoyo y confianza en el aula. La empatía permite a los educadores conectar con los alumnos y las alumnas a nivel emocional y responder a sus necesidades emocionales de manera efectiva.

Estrategias para cultivar la empatía en los docentes:

• Escucha activa: La escucha activa es una habilidad clave para fomentar la empatía. Consiste en escuchar con atención plena, sin interrupciones, y responder de manera reflexiva. Los docentes que practican la escucha activa, son capaces de comprender mejor las necesidades emocionales de sus estudiantes y brindarles el apoyo adecuado.

• Ejercicios de perspectiva: Los docentes pueden hacer ejercicios de cambio de perspectiva, es decir, tratar de imaginar cómo se sentirían si estuvieran en los zapatos de sus estudiantes. Esto les permite comprender mejor las emociones, desafíos y dificultades que enfrentan los estudiantes, especialmente aquellos que pueden estar lidiando con situaciones difíciles fuera del aula.

• Desarrollo de la empatía emocional: Para ser empáticos, los docentes deben ser capaces de identificar las emociones de los estudiantes.

Observar las señales no verbales, como el lenguaje corporal, las expresiones faciales y el tono de voz, es una manera en la que los docentes pueden reconocer cómo se sienten sus estudiantes sin necesidad de que estos lo expresen verbalmente.

• Crear espacios seguros para la expresión emocional: Los docentes pueden fomentar la empatía creando un ambiente en el que los estudiantes se sientan cómodos compartiendo sus emociones. Esto puede lograrse estableciendo normas de respeto, promoviendo actividades de grupo que favorezcan la colaboración y el apoyo emocional, y dedicando tiempo para hablar sobre el bienestar emocional.

4. Fortaleciendo las habilidades sociales

Las habilidades sociales son esenciales para la interacción positiva con los estudiantes, los compañeros y los padres. Los docentes que desarrollan habilidades sociales efectivas pueden construir relaciones de confianza y respeto, fundamentales para un entorno educativo saludable.

Estrategias para mejorar las habilidades sociales de los docentes:

• Técnicas de comunicación asertiva: Los docentes pueden practicar la comunicación asertiva, que implica expresar sus pensamientos y emociones de manera clara, respetuosa y equilibrada. Esto incluye aprender a decir "no" cuando sea necesario, expresar opiniones de manera constructiva y fomentar la participación activa de los estudiantes.

• Desarrollo de la inteligencia social: Los docentes pueden mejorar sus habilidades sociales observando y aprendiendo de otros. Observar cómo otros educadores gestionan las relaciones y conflictos en el aula, puede ofrecer valiosas lecciones sobre cómo mejorar sus propias habilidades de interacción.

- Resolución de conflictos de manera positiva: La resolución de conflictos es una habilidad crucial para los docentes. Aprender técnicas de mediación y resolución pacífica de conflictos, les permite intervenir en situaciones tensas y restaurar la armonía en el aula. Los docentes deben ser imparciales, escuchar todas las partes involucradas y facilitar un diálogo productivo entre el alumnado.

5. Herramientas y recursos para el desarrollo de la Inteligencia Emocional

Existen múltiples recursos y herramientas que los docentes pueden utilizar para fortalecer sus habilidades emocionales. Algunas de estas incluyen:

- Libros y recursos sobre inteligencia emocional: Existen una gran variedad de recursos disponibles que ayudan a los docentes a fortalecer sus habilidades emocionales. Estos materiales brindan enfoques prácticos y teóricos para comprender y aplicar la inteligencia emocional en el aula, lo que permite a los educadores mejorar su capacidad para gestionar sus emociones, comunicarse de manera efectiva con sus estudiantes y fomentar un entorno de aprendizaje más armonioso y productivo (por ejemplo, los libros de Daniel Goleman, como *Inteligencia Emocional* y *La Práctica de la Inteligencia Emocional*, así como *Inteligencia Emocional en la Educación* de Marian Rojas Estapé).
- Cursos y talleres: Participar en talleres y cursos sobre inteligencia emocional, que están disponibles tanto de manera presencial como en línea, puede proporcionar a los docentes las herramientas necesarias para practicar y desarrollar estas habilidades.
- Grupos de apoyo y mentoring: Los grupos de apoyo y mentoring, tanto dentro de la escuela como fuera de ella, ofrecen un espacio para que los docentes compartan experiencias, aprendan unos de otros y trabajen en el desarrollo emocional de manera colectiva.

Dificultades habituales en el desarrollo emocional del profesorado

El desarrollo de la inteligencia emocional en los docentes suele enfrentarse a obstáculos estructurales y personales. La falta de tiempo, la sobrecarga de tareas y la presión constante dificultan que el profesorado priorice su propio bienestar emocional.

Además, no siempre existe una cultura institucional que favorezca la reflexión emocional, el acompañamiento entre iguales o el cuidado del profesorado. En estos contextos, trabajar la inteligencia emocional puede percibirse como una responsabilidad individual más que como una necesidad colectiva.

Reconocer estas dificultades permite situar el desarrollo emocional docente como un proceso gradual, realista y profundamente ligado a las condiciones del entorno educativo.

Conclusión del capítulo 4

El desarrollo de la inteligencia emocional en los docentes es un proceso continuo que requiere práctica, reflexión y dedicación. Con estrategias adecuadas, herramientas prácticas y un enfoque constante en el autoconocimiento, los educadores pueden mejorar sus habilidades emocionales y, en consecuencia, su eficacia en el aula. Además, al desarrollar su inteligencia emocional, los docentes no solo mejoran su propia calidad de vida y bienestar, sino que también crean un impacto positivo en el ambiente educativo, ayudando a sus estudiantes a alcanzar su máximo potencial tanto en lo académico como en lo emocional.

Desarrollar la inteligencia emocional como docente no implica exigirse más, sino aprender a cuidarse mejor para poder sostener una práctica educativa de calidad.

Para llevar al aula

Idea clave: El desarrollo emocional del docente es una condición necesaria para el bienestar del aula, no un lujo profesional.

Práctica concreta (5–10 minutos): Al final de la semana, elige una situación que te haya generado malestar y reflexiona brevemente sobre qué emoción apareció y qué necesitarías en una situación similar.

Frase docente útil: "Hoy no he gestionado esta situación como me habría gustado, y también forma parte del aprendizaje."

Error frecuente a evitar: Entender la inteligencia emocional como autoexigencia constante en lugar de como un proceso de cuidado y ajuste progresivo.

Capítulo 5: El impacto de la Inteligencia Emocional en los estudiantes: creando un ambiente de aprendizaje saludable

Introducción

El impacto de la inteligencia emocional en el aula no solo afecta a los docentes, sino que también tiene una repercusión directa sobre los estudiantes. El ambiente emocional del aula influye profundamente en la disposición de los estudiantes para aprender, su rendimiento académico y su bienestar general. Un docente que maneja su propia inteligencia emocional y fomenta un entorno emocionalmente inteligente en su aula, crea las condiciones ideales para que los estudiantes se sientan seguros, apoyados y motivados.

En este capítulo, exploraremos cómo la inteligencia emocional del docente mejora la experiencia educativa de los estudiantes. Asimismo, veremos cómo los docentes pueden trabajar para fomentar las competencias emocionales en su alumnado, promoviendo un aprendizaje holístico que no solo se enfoca en lo cognitivo, sino también en el desarrollo emocional y social.

1. ¿Qué significa un aula emocionalmente inteligente?

Un aula emocionalmente inteligente es aquella donde se reconocen, gestionan y respetan las emociones de todos los involucrados: docentes y estudiantes. En un entorno así, se promueve el bienestar emocional, la empatía, el respeto mutuo y la colaboración. El docente, al ser emocionalmente inteligente, establece el tono para crear un ambiente seguro y abierto, donde cada estudiante puede expresar sus sentimientos sin miedo a ser juzgado o rechazado.

Características de un aula emocionalmente inteligente:

• Clima emocional positivo: Los estudiantes se sienten cómodos, seguros y apoyados en su entorno. La relación entre docente y estudiante se basa en la confianza y el respeto mutuos.
• Gestión de las emociones: Se enseñan y practican habilidades para manejar las emociones, tanto en momentos de éxito como de frustración.

• Fomento de la comunicación emocional: Los estudiantes son alentados a hablar sobre sus emociones de manera abierta y honesta, lo que mejora la interacción en el aula y contribuye al desarrollo emocional.

Escena de aula

En un grupo donde los conflictos entre compañeros y compañeras son frecuentes, el docente observa que el clima emocional condiciona claramente el ritmo de aprendizaje. Tras varias semanas trabajando pequeñas rutinas de escucha y respeto, no desaparecen los conflictos, pero sí cambia la forma en que se expresan: hay menos interrupciones, más disposición a dialogar y una mayor sensación de seguridad en el aula.

Este tipo de avances no siempre se reflejan de inmediato en los resultados académicos, pero sí crean las condiciones necesarias para que el aprendizaje pueda sostenerse en el tiempo.

2. Impacto en el rendimiento académico

La inteligencia emocional tiene un impacto significativo en el rendimiento académico de los estudiantes. Un entorno emocionalmente saludable permite que los estudiantes se concentren mejor, se sientan motivados y tengan mayor disposición para aprender.

¿Cómo afecta la inteligencia emocional al rendimiento académico?

- Reducción del estrés: Los estudiantes que gestionan sus emociones de manera efectiva tienen menos niveles de ansiedad y estrés, lo que les permite enfocarse mejor en las tareas académicas y enfrentar los desafíos de manera más positiva.
- Mejor concentración y memoria: Cuando los estudiantes se sienten emocionalmente equilibrados, son más capaces de concentrarse en las lecciones y retener la información, lo que mejora sus resultados académicos.
- Desarrollo de la resiliencia: Los estudiantes emocionalmente inteligentes son más resilientes y capaces de superar las dificultades, lo que les ayuda a

persistir en su aprendizaje incluso ante fracasos o contratiempos.

- Motivación intrínseca: La capacidad de manejar las emociones puede fomentar una motivación interna en los estudiantes. En lugar de depender exclusivamente de recompensas externas, los estudiantes emocionalmente inteligentes están más motivados por el deseo de aprender y mejorar.

3. Desarrollo de la Inteligencia Emocional en los estudiantes

Un componente clave del rol de los docentes, es ayudar a los estudiantes a desarrollar su propia inteligencia emocional. Al integrar actividades y prácticas que fomenten el autoconocimiento, la autorregulación, la empatía y las habilidades sociales, los educadores pueden contribuir de manera significativa al crecimiento emocional de sus alumnos y alumnas.

Estrategias para enseñar inteligencia emocional a los estudiantes:

- Actividades de reflexión emocional: Los docentes pueden incluir actividades en las que los estudiantes reflexionen sobre sus emociones y las de los demás. Por ejemplo, a través de diarios emocionales o conversaciones guiadas, los estudiantes aprenden a identificar sus sentimientos y comprender cómo afectan su comportamiento.

- Role-playing (juegos de roles): Los juegos de roles son una excelente herramienta para enseñar empatía y habilidades sociales. A través de simulaciones, los estudiantes pueden practicar cómo manejar diferentes situaciones emocionales, como resolver conflictos o expresar sus necesidades emocionales de manera adecuada.

- Mindfulness para estudiantes: Implementar prácticas de mindfulness en el aula también puede ser muy beneficioso. Actividades como respiraciones profundas, ejercicios de atención plena o meditación breve pueden ayudar a los estudiantes a gestionar el estrés y mejorar su enfoque.

- Resolución de conflictos: Enseñar a los estudiantes a resolver conflictos de manera pacífica es otra habilidad importante. Los docentes pueden crear espacios donde los estudiantes practiquen la resolución de disputas mediante el diálogo y la negociación, en lugar de recurrir a la agresividad o la evasión.

4. Fomentando la empatía y la colaboración

La empatía no solo es fundamental para los docentes, sino que también debe ser cultivada en los estudiantes. Promover la empatía en el aula permite que el alumnado conecte más profundamente con sus compañeros y compañeras, y aprendan a ser conscientes de las emociones ajenas. Esto no solo mejora la convivencia, sino también facilita el trabajo en equipo y la colaboración en proyectos grupales.

Estrategias para fomentar la empatía en los estudiantes:

- Historias y lectura emocional: Los docentes pueden utilizar libros, cuentos y recursos audiovisuales que traten sobre la diversidad emocional y las experiencias de los demás, lo que ayuda a los estudiantes a ponerse en el lugar de otras personas y desarrollar empatía.

- Discusión guiada sobre emociones: Después de actividades como juegos de roles o situaciones hipotéticas, los docentes pueden abrir una discusión sobre cómo los personajes se sintieron y cómo las emociones afectaron sus decisiones. Este tipo de reflexión ayuda a los estudiantes a desarrollar una mejor comprensión emocional.

- Proyectos de colaboración: Organizar proyectos colaborativos que requieran trabajo en equipo promueve la empatía entre los estudiantes, ya que deben aprender a escuchar, respetar y apoyarse mutuamente para alcanzar un objetivo común.

5. La Gestión de los conflictos en el aula

Los conflictos son inevitables en cualquier aula, pero la manera en que se gestionan tiene un impacto directo en el ambiente emocional de los estudiantes. Los docentes que practican una buena gestión emocional pueden resolver los conflictos de manera efectiva, restaurando el equilibrio y enseñando al alumnado cómo manejar sus propias disputas.

Estrategias para gestionar los conflictos:

• Intervención temprana: Los docentes deben intervenir anticipadamente cuando identifican signos de conflicto, ya sea entre estudiantes o entre estudiantes y docentes. Resolver los problemas en su inicio, previene que las situaciones se intensifiquen.

• Uso de la mediación: La mediación es una estrategia eficaz para resolver conflictos. En lugar de imponer una solución, los docentes pueden actuar como mediadores, guiando a los estudiantes para que encuentren una resolución que ambas partes consideren justa.

• Reflexión post-conflicto: Después de que se resuelva un conflicto, es importante que los estudiantes reflexionen sobre lo sucedido. Esto les ayuda a comprender sus emociones y las de los demás, y a identificar maneras de evitar conflictos en el futuro.

6. El bienestar emocional de los estudiantes: un objetivo global

El bienestar emocional de los estudiantes debe ser un objetivo primordial en cualquier aula. Los docentes tienen la responsabilidad de cuidar no solo el desarrollo académico de sus alumnos y alumnas, sino también su bienestar emocional. Un estudiante emocionalmente saludable tiene más probabilidades de participar activamente en su educación, mostrar actitudes positivas hacia el aprendizaje y desarrollar habilidades interpersonales que le beneficiarán a lo largo de su vida.

Promoviendo el bienestar emocional en el aula:

• Entornos de apoyo: Los docentes deben crear entornos en los que los estudiantes se sientan apoyados, valorados y aceptados. Esto puede lograrse mediante la creación de normas claras de respeto y la construcción de relaciones de confianza.

• Incorporación de la educación emocional: Incorporar la educación emocional en el currículo escolar, proporciona a los estudiantes las herramientas necesarias para comprender y manejar sus emociones. Los temas pueden incluir la autorregulación, la empatía, la resolución de conflictos y el manejo del estrés.

Dificultades habituales al fomentar el bienestar emocional del alumnado

Promover el bienestar emocional de los alumnos y de las alumnas en el aula no siempre resulta sencillo ni ofrece resultados inmediatos. En muchos casos, el profesorado se enfrenta a situaciones emocionales que exceden su ámbito de actuación, como problemáticas familiares, sociales o personales que influyen directamente en el comportamiento del alumnado.

Además, existe el riesgo de que el profesorado sienta una responsabilidad excesiva sobre el bienestar emocional de los estudiantes, lo que puede generar desgaste o frustración cuando los avances son lentos o poco visibles.

Reconocer estos límites permite entender que el rol del docente no es resolver todos los conflictos emocionales, sino crear un entorno seguro, predecible y respetuoso que favorezca el desarrollo emocional dentro de sus posibilidades reales.

Conclusión del capítulo 5

El impacto de la inteligencia emocional en los estudiantes es profundo y amplio. Los docentes, al aplicar la Inteligencia Emocional en su propia práctica y fomentar su desarrollo en los estudiantes, contribuyen significativamente a crear un ambiente de aprendizaje más saludable, motivador y productivo. Un aula emocionalmente inteligente no solo favorece el rendimiento académico, sino también el bienestar personal y social de los estudiantes, preparándolos para ser individuos emocionalmente competentes, empáticos y resilientes.

En este sentido, trabajar la inteligencia emocional en el aula no garantiza la ausencia de dificultades, pero sí contribuye a que el alumnado disponga de mejores recursos para afrontarlas.

Para llevar al aula

Idea clave: El bienestar emocional del alumnado no se impone ni se programa, se construye de forma progresiva en el día a día del aula.

Práctica concreta (5–10 minutos): Dedica un momento semanal a revisar con el grupo cómo se sienten en clase y qué aspectos del clima del aula podrían mejorar.

Frase docente útil: "En esta clase no siempre estaremos de acuerdo, pero sí nos vamos a respetar."

Error frecuente a evitar: Pensar que el bienestar emocional depende únicamente de la actuación del docente.

Capítulo 6: La Inteligencia Emocional en el contexto de la diversidad: adaptación a las necesidades emocionales de los estudiantes

Introducción

Las aulas de hoy son cada vez más diversas, no solo en términos culturales y lingüísticos, sino también en lo que respecta a las características emocionales y psicológicas de los estudiantes. La diversidad es una característica inherente a los entornos educativos modernos, y los docentes deben estar preparados para responder a esta variedad con sensibilidad y flexibilidad emocional. En este sentido, la inteligencia emocional juega un papel fundamental al permitir que los educadores adapten sus enfoques, para abordar las diversas necesidades emocionales de los estudiantes.

Este capítulo explora cómo los docentes pueden aplicar la inteligencia emocional en aulas diversas, reconociendo la importancia de la empatía, la autorregulación y la comunicación efectiva para fomentar un ambiente inclusivo y positivo. Además, se abordarán estrategias y enfoques prácticos para gestionar los desafíos emocionales derivados de la diversidad en el aula, asegurando que todos los estudiantes se sientan valorados y apoyados.

1. La Diversidad en el Aula: Retos y Oportunidades

La diversidad en el aula abarca una amplia gama de factores, entre ellos:

Diversidad cultural y lingüística: Estudiantes de diferentes orígenes culturales y lingüísticos pueden tener diversas formas de interpretar el mundo, lo que influye en su forma de interactuar y aprender. Ejemplo: Un docente que trabaja con un grupo diverso de alumnos y de alumnas, algunos de los cuales tienen diferentes orígenes culturales y hablan distintos idiomas, puede utilizar su inteligencia emocional para reconocer que cada estudiante aporta una perspectiva única al aula. Así pues, un estudiante cuya lengua materna no es el español podría sentirse inseguro al participar en clase, especialmente si tiene dificultades para expresarse. El docente, al ser emocionalmente inteligente, observa las señales no verbales del estudiante (como su lenguaje corporal o falta de participación) y, en lugar de presionarlo, crea un ambiente inclusivo y respetuoso. Podría fomentar actividades donde el alumnado comparta sus tradiciones y lenguas, valorando la diversidad y permitiendo que cada uno se sienta comprendido y apreciado, lo que aumenta su confianza y favorece su aprendizaje. Este enfoque no solo permite al estudiante superar barreras lingüísticas, sino que también promueve la empatía y la conexión emocional entre compañeros de diferentes orígenes.

Diversidad en el desarrollo emocional: Los estudiantes tienen diferentes niveles de madurez emocional, lo que afecta cómo gestionan sus emociones, se relacionan con los demás y enfrentan las dificultades. Ejemplo: En un aula, un docente puede encontrarse con estudiantes que tienen diferentes niveles de madurez emocional. Así pues, un estudiante de 10 años podría ser muy sensible y reaccionar con frustración ante una crítica o un error, mientras que otro estudiante de la misma edad puede manejar esas situaciones con mayor calma y reflexión. Ante esta tesitura, un docente emocionalmente inteligente será capaz de identificar estas diferencias y adaptar su enfoque. Para el estudiante más sensible, podría ofrecer palabras de apoyo y usar un enfoque más suave al abordar los errores, ayudándolo a gestionar mejor sus emociones. Para el otro estudiante, que ya tiene una mayor madurez emocional, el docente podría usar esa situación para fomentar la reflexión y el aprendizaje constructivo, ayudando a ambos a crecer emocionalmente según sus necesidades. De esta manera, el docente utiliza su inteligencia emocional para crear un ambiente donde todos los estudiantes, independientemente de su nivel de madurez emocional, se sientan respetados, comprendidos y apoyados en su desarrollo personal.

• Diversidad en las necesidades educativas: Algunos estudiantes tienen necesidades especiales, ya sean académicas, emocionales o psicológicas, lo que puede requerir un enfoque personalizado y adaptado.

Afrontar esta diversidad puede ser un reto, pero también presenta una gran oportunidad para que los docentes fomenten un ambiente de respeto, inclusión y empatía, clave para el desarrollo emocional y académico de todos los estudiantes. Ejemplo: En un aula inclusiva, un docente podría tener un alumno con dificultades de aprendizaje, como dislexia, lo que afecta su capacidad para leer y escribir con fluidez. Este alumno, al enfrentarse a retos académicos, podría sentirse frustrado y desmotivado. Un docente con inteligencia emocional reconocerá las señales de angustia del estudiante y ofrecerá apoyo adicional, como proporcionarle tiempo extra para completar tareas o utilizar materiales visuales para facilitar su comprensión. Además, fomentará una comunicación abierta, haciendo que el alumno se sienta cómodo al expresar sus dificultades sin temor a ser juzgado. Al mismo tiempo, el docente promoverá la empatía entre los demás estudiantes, explicando las dificultades del compañero de manera comprensiva y respetuosa, para que todo el grupo valore la diversidad de habilidades y apoye a quien lo necesite. De esta forma, se crea un ambiente inclusivo donde todos los alumnos y las alumnas, independientemente de sus necesidades, se sienten parte del grupo y tienen las mismas oportunidades de aprender y crecer.

Escena de aula

En un grupo con alumnado muy diverso, el docente observa que no todos reaccionan de la misma manera ante una misma propuesta o norma. Mientras algunos estudiantes se adaptan con facilidad, otros muestran rechazo, inseguridad o bloqueo emocional. Ante esta situación, aplicar el mismo tipo de intervención para todos no siempre resulta eficaz.

Reconocer estas diferencias permite al docente ajustar su respuesta sin perder coherencia ni equidad, entendiendo que tratar de forma justa no siempre significa tratar de forma idéntica.

2. El rol de la Inteligencia Emocional en el manejo de la diversidad

La inteligencia emocional permite a los docentes gestionar los desafíos derivados de la diversidad con flexibilidad y sensibilidad. Al ser emocionalmente inteligentes, los educadores pueden adaptar su enfoque a las necesidades emocionales y culturales de cada estudiante, creando un ambiente inclusivo donde todos se sientan aceptados.

¿Cómo la inteligencia emocional ayuda en la gestión de la diversidad?

• Autoconciencia emocional: Un docente emocionalmente consciente sabe reconocer sus propias emociones y prejuicios, lo que le permite evitar respuestas automáticas y prejuiciosas ante la diversidad. La autoconciencia también le permite reconocer cómo sus emociones pueden influir en su percepción de los estudiantes y su forma de interactuar con ellos.

• Empatía cultural: Los docentes con alta inteligencia emocional desarrollan la capacidad de ponerse en el lugar de estudiantes de diferentes culturas y contextos. Esta empatía cultural les permite comprender las realidades emocionales, sociales y académicas de los estudiantes y, por ende, ajustar su enseñanza de acuerdo con sus necesidades.

• Autorregulación emocional: En un aula diversa, los docentes se enfrentan a situaciones de conflicto, malentendidos y tensión cultural. La autorregulación emocional les ayuda a mantener la calma, tomar decisiones reflexivas y manejar sus emociones ante los desafíos de manera constructiva.

• Habilidades sociales: Los docentes emocionalmente inteligentes saben cómo fomentar la colaboración, la comunicación y la resolución de conflictos entre estudiantes de diferentes orígenes, creando un ambiente que valore la diversidad y promueva la inclusión.

3. Estrategias para gestionar la diversidad emocional en el aula

El primer paso para que un docente maneje eficazmente la diversidad emocional, es ser consciente de que cada estudiante trae consigo un conjunto único de experiencias, emociones y perspectivas. Las siguientes estrategias están diseñadas para ayudar a los docentes a trabajar con esta diversidad de manera efectiva:

Estrategias para manejar la diversidad emocional:

• Crear un ambiente inclusivo: El aula debe ser un lugar donde todos los estudiantes se sientan respetados y valorados. Los docentes pueden establecer normas de respeto y promover actividades que celebren la diversidad cultural y social. Esto incluye la utilización de materiales didácticos que representen a diferentes grupos culturales y la adaptación de métodos pedagógicos que incluyan a todos los estudiantes.

• Escucha activa y comunicación no verbal: En un aula diversa, los estudiantes pueden venir de contextos donde la comunicación y las expresiones emocionales son diferentes. Los docentes deben practicar la escucha activa, observando las señales no verbales del alumnado, como el lenguaje corporal, los gestos y las expresiones faciales. Esto les ayudará a comprender mejor las emociones de los estudiantes, incluso cuando no se expresen verbalmente.

• Adaptar la enseñanza a las necesidades emocionales de los estudiantes: Los docentes pueden ajustar sus métodos de enseñanza para atender las necesidades emocionales específicas de los estudiantes. Por ejemplo, algunos estudiantes pueden necesitar más apoyo emocional debido a experiencias traumáticas o dificultades personales, mientras que otros pueden necesitar un enfoque más estructurado para manejar la ansiedad o la inseguridad.

• Fomentar la resolución pacífica de conflictos: Los conflictos derivados de malentendidos culturales o emocionales son comunes en aulas diversas. Los docentes deben estar equipados con herramientas para mediar en los conflictos, promoviendo el diálogo, la empatía y la negociación entre los estudiantes. Además, pueden enseñarles a los alumnos y alumnas estrategias de resolución de conflictos que incluyan la escucha activa, la expresión de emociones de manera asertiva y la búsqueda de soluciones colaborativas.

4. El desarrollo de la Inteligencia Emocional en estudiantes diversos

Además de gestionar la diversidad emocional en el aula, los docentes pueden aprovechar las diferencias emocionales y culturales como una oportunidad para desarrollar la inteligencia emocional de los estudiantes. Enseñarles a manejar sus propias emociones y a comprender las de los demás no solo es esencial para su desarrollo académico, sino también para su bienestar personal y social.

Estrategias para promover la inteligencia emocional en estudiantes diversos:

• Educación emocional centrada en la diversidad: Los docentes pueden integrar contenidos educativos que aborden temas de diversidad cultural, emocional y social en el currículo. Por ejemplo, utilizar historias, películas o debates sobre temas de inclusión, discriminación y respeto mutuo ayuda al alumnado a reflexionar sobre sus emociones y las de los demás.

• Enseñanza de la empatía intercultural: En aulas diversas, enseñar empatía intercultural es fundamental. Los docentes pueden organizar actividades que ayuden a los estudiantes a comprender mejor las perspectivas de otros, promoviendo un ambiente de respeto y cooperación. Los ejercicios de intercambio de experiencias culturales, discusiones sobre la identidad y la colaboración en proyectos grupales son efectivos para desarrollar la empatía.

• Desarrollo de habilidades sociales: La inteligencia emocional no solo incluye el manejo de las emociones, sino también la capacidad de interactuar de manera positiva con los demás. Los docentes deben enseñar a los estudiantes a ser socialmente competentes, promoviendo habilidades como la colaboración, la escucha activa, el respeto por las diferencias y la gestión de las emociones en situaciones sociales complejas.

5. Casos prácticos: aplicación de la Inteligencia Emocional en aulas diversas

• Caso 1: Aula multicultural: En un aula con estudiantes de diferentes países, el docente organiza actividades donde los estudiantes comparten sus tradiciones, lenguas y costumbres. A través de estas actividades, los estudiantes no solo aprenden sobre otras culturas, sino que también desarrollan empatía y aprenden a valorar la diversidad.

- Ejemplo 1: En un aula multicultural, el docente organiza una jornada de "Día de las Culturas". Cada estudiante tiene la oportunidad de presentar algo característico de su país: puede ser una receta típica, una canción tradicional, una danza o una historia de su cultura. Así pues, un estudiante de México podría enseñar a sus compañeros a bailar un "baile folclórico", mientras que otro estudiante de Italia podría compartir una receta de pasta y hablar sobre la importancia de la comida en su cultura.

Estas actividades no solo permiten a los alumnos y alumnas conocer las costumbres y tradiciones de sus compañeros y compañeras, sino que también fomentan el respeto y la valoración de las diferencias culturales. El alumnado aprende a ponerse en el lugar del otro, desarrollando su empatía y, a través del intercambio cultural, se refuerza la idea de que la diversidad es algo enriquecedor para todos.

- Ejemplo 2: Durante el mes de la diversidad, el docente organiza un "Muro de la Diversidad", donde cada estudiante comparte una frase significativa en su idioma materno. Cada estudiante escribe un mensaje de esperanza o un proverbio tradicional de su país. Luego, el docente lee en voz alta las frases y las traduce para que todos los compañeros puedan comprenderlas.

A través de esta actividad, los estudiantes no solo aprenden nuevas palabras y frases en otros idiomas, sino que también se sensibilizan sobre el valor de las lenguas como parte de la identidad cultural de cada persona. Esto fomenta la empatía al escuchar y valorar las experiencias de los demás, y contribuye a la creación de un ambiente inclusivo en el aula.

Ambos ejemplos promueven la inteligencia emocional al enseñar a los estudiantes a reconocer y valorar la diversidad cultural y lingüística, fortaleciendo sus habilidades de empatía y respeto mutuo.

- Caso 2: estudiantes con necesidades emocionales especiales: Un estudiante con antecedentes traumáticos muestra comportamientos agresivos hacia sus compañeros. El docente, utilizando su inteligencia emocional, aborda la situación con paciencia, escuchando las preocupaciones del estudiante y trabajando con él para gestionar sus emociones de manera más saludable. Además, el docente establece una relación de confianza que permite que el alumno se sienta apoyado.

- Ejemplo 1: En un aula, un alumno que ha experimentado un trauma familiar reciente comienza a mostrar comportamientos agresivos hacia sus compañeros, como empujar o levantar la voz. El docente, al percatarse de estos cambios en el comportamiento del alumno, decide actuar con empatía y paciencia. En lugar de regañarle, el docente se le acerca después de clase para tener una conversación privada. Durante esta charla, el docente escucha sin juzgar, dándole al alumno la oportunidad de expresar sus emociones.

El docente también le ofrece herramientas para manejar la ira, como técnicas de respiración profunda o pedir un "tiempo fuera" cuando sienta que se está sobrepasando. Con el tiempo, el alumno empieza a confiar más en el docente, compartiendo sus sentimientos y aprendiendo a gestionar sus emociones de manera más saludable. El docente refuerza los esfuerzos del alumno, celebrando los pequeños logros y ofreciendo apoyo emocional constante.

- Ejemplo 2: Un estudiante con antecedentes de abuso emocional comienza a mostrar signos de retraimiento y comportamientos agresivos cuando algo le molesta, como interrumpir a otros o levantarse abruptamente de su asiento. El docente, al identificar estos síntomas como posibles respuestas emocionales a experiencias pasadas, decide intervenir de forma compasiva. En lugar de castigarle, el docente le ofrece un espacio seguro donde pueda calmarse y, cuando el momento es adecuado, hablar sobre lo que ocurrió.

- El docente también implementa una rutina de "check-ins" emocionales al inicio de cada jornada, donde todos los estudiantes tienen la oportunidad de expresar cómo se sienten, usando palabras o dibujos. Esto le permite sentirse comprendido y respaldado, mientras trabaja gradualmente en la regulación de sus emociones en un entorno que promueve la confianza y la seguridad.

Ambos ejemplos muestran cómo un docente emocionalmente inteligente puede reconocer las necesidades emocionales de los estudiantes, abordarlas con sensibilidad y crear un ambiente donde se sientan apoyados para aprender a manejar sus emociones de forma adecuada.

Dificultades habituales en la gestión de la diversidad emocional

Gestionar la diversidad emocional en el aula supone un desafío constante para el profesorado. En muchos casos, el docente debe atender simultáneamente a necesidades muy distintas, lo que puede generar sensación de desbordamiento o de no llegar a todo.

Además, algunas respuestas emocionales del alumnado pueden ser difíciles de interpretar o de abordar sin formación específica o sin el apoyo de otros profesionales. Esto puede provocar inseguridad en el docente o miedo a intervenir de manera inadecuada.

Reconocer estas dificultades permite asumir que la inteligencia emocional no elimina la complejidad de la diversidad, pero sí ofrece un marco para abordarla con mayor sensibilidad, flexibilidad y realismo.

Conclusión del capítulo 6

La gestión de la diversidad en el aula es un desafío que los docentes deben enfrentar con sensibilidad y habilidades emocionales. La inteligencia emocional proporciona las herramientas necesarias para crear un ambiente inclusivo, respetuoso y comprensivo, donde todos los estudiantes, independientemente de su origen, contexto o características emocionales, puedan desarrollarse y aprender de manera efectiva.

Al aplicar la inteligencia emocional, los docentes no solo responden mejor a las necesidades emocionales de los estudiantes, sino que también fomentan un sentido de comunidad, respeto y colaboración en el aula. Este enfoque integral es crucial para formar individuos emocionalmente competentes, capaces de navegar la diversidad del mundo real con empatía y respeto.

Abordar la diversidad desde la inteligencia emocional no implica tener respuestas para todas las situaciones, sino mantener una actitud abierta, reflexiva y respetuosa ante la singularidad de cada estudiante.

Para llevar al aula

Idea clave: La diversidad emocional no es un obstáculo para el aprendizaje, sino una realidad que requiere miradas y respuestas flexibles.

Práctica concreta (5–10 minutos): Observa durante una semana cómo reacciona el alumnado ante una misma situación y anota las diferencias. Esta observación ayuda a ajustar las intervenciones de forma más consciente.

Frase docente útil: "No todos necesitamos lo mismo, pero todos merecemos respeto."

Error frecuente a evitar: Intentar aplicar las mismas estrategias emocionales a todo el grupo sin tener en cuenta las diferencias individuales.

Capítulo 7: La Inteligencia Emocional y la gestión del estrés en el aula: herramientas para docentes

Introducción

El estrés es una realidad inevitable en la vida profesional, y los docentes no son una excepción. La presión constante por cumplir con expectativas académicas, gestionar un aula con estudiantes de diversas necesidades y enfrentarse a la administración educativa puede generar altos niveles de estrés. Sin embargo, la inteligencia emocional es una herramienta poderosa, para manejar estas situaciones y prevenir que el estrés se convierta en un factor negativo, que afecte tanto al bienestar del docente como el de los estudiantes.

En este capítulo, exploraremos cómo los docentes pueden aplicar la inteligencia emocional para gestionar su propio estrés y el del alumnado, creando un ambiente de aprendizaje más saludable y productivo. También se discutirán prácticas y técnicas que ayuden a los docentes a regular sus emociones y a enseñar a los estudiantes a lidiar con sus propios niveles de ansiedad y estrés.

1. El Estrés en el Entorno Educativo: Desafíos para los Docentes

Los docentes enfrentan una serie de factores estresantes que pueden impactar su bienestar emocional y físico:

• Presión académica y expectativas: La constante presión para cumplir con los estándares educativos, los exámenes y los resultados académicos de los estudiantes puede generar una alta carga de estrés.

• Diversidad en las necesidades de los estudiantes: A medida que las aulas se vuelven más diversas, los docentes deben lidiar con las necesidades individuales de cada alumno y alumna, lo que puede generar un estrés adicional al tener que personalizar la enseñanza.

• Relaciones con padres y personal educativo: Las interacciones con los padres y otros miembros del personal pueden ser tanto una fuente de apoyo como de conflicto, lo que añade otra capa de estrés.

• Exceso de responsabilidades: Los docentes no solo tienen que enseñar, sino también gestionar el comportamiento de los estudiantes, administrar actividades extracurriculares y cumplir con otras tareas administrativas.

El estrés prolongado puede tener efectos negativos en la salud mental y física de los docentes, lo que puede afectar su desempeño, su bienestar y su capacidad para enseñar de manera efectiva. Aquí es donde la inteligencia emocional juega un papel crucial: permite que los docentes reconozcan y manejen sus propias emociones, evitando que el estrés se convierta en una carga insostenible.

Escena profesional

En determinados momentos del curso, el docente puede sentir que cualquier incidencia en el aula se vive con mayor intensidad emocional. Pequeños conflictos, interrupciones o imprevistos generan respuestas más rápidas y menos reflexivas. Reconocer estos momentos como señales de saturación, y no como incapacidad profesional, permite al profesorado ajustar expectativas y priorizar el cuidado emocional propio.

2. El rol de la Inteligencia Emocional en la gestión del estrés docente

La inteligencia emocional proporciona a los docentes las habilidades necesarias para reconocer, comprender y gestionar sus propias emociones, lo que les permite manejar mejor las situaciones estresantes.

Componentes de la inteligencia emocional que ayudan a gestionar el estrés:

• Autoconciencia emocional: La capacidad de identificar y entender las propias emociones es fundamental para manejar el estrés. Los docentes que son conscientes de sus emociones pueden reconocer los signos tempranos de estrés y tomar medidas para prevenir su acumulación.

• Autorregulación emocional: La habilidad para manejar las emociones de manera efectiva es esencial para reducir el estrés. Los docentes que practican la autorregulación emocional pueden mantener la calma en situaciones difíciles, evitando reacciones impulsivas y tomando decisiones más racionales.

• Motivación emocional: La motivación interna ayuda a los docentes a seguir adelante a pesar de los desafíos. Los docentes emocionalmente inteligentes son capaces de encontrar razones para seguir motivados, incluso cuando enfrentan dificultades o momentos de agotamiento.

• Empatía: La empatía es crucial en la gestión del estrés, ya que permite a los docentes comprender las emociones de los demás, tanto de los estudiantes como de los compañeros de trabajo. Esto les permite ofrecer apoyo emocional adecuado y crear un ambiente más comprensivo en el aula.

3. Estrategias para los docentes: manejo del estrés en el aula

Existen diversas estrategias que los docentes pueden implementar para gestionar su propio estrés, utilizando su inteligencia emocional para mantener el equilibrio y prevenir el agotamiento. A continuación, se presentan algunas de las estrategias más efectivas:

Estrategias para los docentes:

• Técnicas de relajación y mindfulness: La práctica de mindfulness o atención plena puede ayudar a los docentes a reducir el estrés. Estas prácticas consisten en centrarse en el momento presente, respirando profundamente y liberando tensiones acumuladas. Incluir momentos de respiración consciente durante el día escolar puede ser de gran ayuda.

• Establecimiento de límites saludables: Los docentes deben aprender a poner límites claros entre su vida profesional y personal. Esto incluye no llevar trabajo a casa, reservar tiempo para el autocuidado y aprender a decir "no" cuando se les piden tareas adicionales que no pueden manejar.

• Desarrollo de una mentalidad de crecimiento: Adoptar una mentalidad de crecimiento, que se centra en aprender de los errores y ver los desafíos como oportunidades para mejorar, puede ayudar a los docentes a manejar el estrés de manera más efectiva. En lugar de ver los contratiempos como fracasos, los docentes pueden verlos como oportunidades para el desarrollo personal y profesional.

• Apoyo social y profesional: Buscar apoyo de otros docentes, amigos o familiares es esencial para manejar el estrés. Los docentes pueden beneficiarse de formar redes de apoyo con otros profesionales educativos que compartan experiencias similares y puedan ofrecer consejos y apoyo emocional.

• Técnicas de resolución de problemas: A menudo, el estrés proviene de sentirse abrumado por problemas sin resolver. Los docentes pueden utilizar técnicas de resolución de problemas para abordar de manera efectiva los desafíos en el aula, dividiendo los problemas grandes en partes más pequeñas y manejables.

4. La gestión del estrés en los estudiantes: un enfoque integral

El estrés no solo afecta a los docentes, sino también a los estudiantes. El estrés académico, las presiones sociales y emocionales, y las expectativas familiares pueden afectar su bienestar y su capacidad para aprender de manera efectiva. Al enseñar al alumnado a gestionar su propio estrés, los docentes contribuyen a su desarrollo emocional y académico.

Estrategias para enseñar a los estudiantes a manejar el estrés:

• Educación emocional: Incluir la enseñanza de habilidades emocionales en el currículo escolar, es crucial para ayudar a los estudiantes a reconocer y manejar el estrés. A través de actividades como la meditación, la escritura reflexiva o la práctica de habilidades sociales, los estudiantes aprenden a identificar las fuentes de su estrés y las formas más efectivas de enfrentarlo.
• Técnicas de relajación en el aula: Los docentes pueden guiar a los estudiantes en prácticas de relajación, como la respiración profunda o visualización, que les ayuden a calmarse antes de exámenes o durante situaciones de tensión en el aula.
• Promover el autocuidado: Enseñar a los estudiantes la importancia del autocuidado, como dormir lo suficiente, comer bien y participar en actividades que disfruten, puede ser una manera de ayudarles a reducir el estrés.
• Fomentar la resiliencia: Enseñar a los estudiantes a ser resilientes, a superar las dificultades y a aprender de los fracasos, les ayuda a desarrollar una mayor capacidad para manejar el estrés en situaciones futuras.

5. El estrés y el bienestar del docente: prevención del agotamiento

El agotamiento (burnout) es una preocupación importante para los docentes, especialmente aquellos que enfrentan altos niveles de estrés de manera constante. El agotamiento puede manifestarse como fatiga emocional, despersonalización y una disminución de la eficacia en el trabajo. La inteligencia emocional, combinada con estrategias de autocuidado y apoyo social, es crucial para prevenir este agotamiento.

Estrategias para prevenir el agotamiento:

• Autocuidado regular: Los docentes deben asegurarse de dedicar tiempo a sí mismos fuera del aula. Esto incluye descansar, practicar actividades recreativas y mantener una vida social equilibrada.

• Reflexión y autocuidado emocional: Practicar la autoevaluación y reflexionar sobre las propias emociones permite que los docentes reconozcan signos tempranos de agotamiento y tomen medidas antes de que se convierta en un problema mayor.

• Buscar apoyo profesional: Cuando los docentes experimentan estrés o agotamiento, es importante que busquen el apoyo de un consejero profesional o terapeuta que les ayude a manejar sus emociones de manera saludable.

Dificultades habituales en la gestión del estrés docente

A pesar de la creciente conciencia sobre la importancia del bienestar del docente, muchos profesores y profesoras continúan normalizando niveles elevados de estrés como parte inherente de la profesión. Esta normalización dificulta la identificación temprana del malestar y retrasa la búsqueda de apoyo.

Además, en algunos contextos educativos, reconocer el cansancio emocional puede percibirse como un signo de debilidad profesional, lo que favorece el aislamiento y el desgaste progresivo.

Reconocer estas dificultades permite situar la gestión del estrés no como una responsabilidad individual exclusiva, sino como una cuestión que también requiere apoyo institucional y colectivo.

Conclusión del capítulo 7

La gestión del estrés es una habilidad esencial tanto para los docentes como para los estudiantes. La inteligencia emocional ofrece a los docentes las herramientas necesarias para manejar el estrés de manera efectiva, creando un entorno en el aula que promueve el bienestar emocional y el aprendizaje.

Al aplicar técnicas de relajación, establecer límites saludables y buscar apoyo social, los docentes pueden reducir el impacto negativo del estrés en su vida profesional y personal. Además, al enseñar a los estudiantes a manejar su propio estrés, los docentes contribuyen a su desarrollo emocional y académico, asegurando que todos los involucrados en el proceso educativo puedan prosperar en un ambiente saludable y equilibrado.

Cuidar del bienestar emocional del docente no es un acto accesorio, sino una condición imprescindible para sostener una práctica educativa saludable y eficaz.

Para llevar al aula

Idea clave: El bienestar del docente influye directamente en el clima emocional del aula.

Práctica concreta (5 minutos): Al finalizar una jornada especialmente exigente, identifica una situación que te haya generado tensión y piensa qué necesitarías para afrontarla de otra manera en el futuro.

Frase docente útil: "Hoy necesito bajar el ritmo para poder continuar con claridad."

Error frecuente a evitar: Normalizar el agotamiento emocional como algo inevitable del trabajo docente.

Capítulo 8: La Inteligencia Emocional y la motivación: claves para potenciar el rendimiento académico en el aula

Introducción

La motivación es un factor crucial en el proceso educativo. Sin ella, el aprendizaje se vuelve una tarea ardua y menos eficaz. Los docentes juegan un papel fundamental en la activación y el mantenimiento de la motivación de los estudiantes, no solo a través de estrategias pedagógicas, sino también mediante el uso de la inteligencia emocional. Un docente emocionalmente inteligente puede identificar las emociones de los estudiantes, entender qué los impulsa y diseñar un entorno que favorezca la motivación intrínseca (la que proviene de la satisfacción interna por aprender) y la motivación extrínseca (la que se genera a través de recompensas externas).

Este capítulo profundiza en cómo la inteligencia emocional, tanto del docente como de los estudiantes, impacta directamente en la motivación y, por ende, en el rendimiento académico. Se explorarán estrategias para mejorar la motivación de los estudiantes mediante el uso de herramientas emocionales y técnicas específicas basadas en la inteligencia emocional.

1. La relación entre Inteligencia Emocional y motivación

La motivación no solo depende de factores cognitivos o extrínsecos, sino que también está profundamente influenciada por las emociones. La inteligencia emocional ayuda a los docentes a comprender y gestionar tanto sus propias emociones como las de los estudiantes, lo que, a su vez, impacta la forma en que los estudiantes se sienten respecto al proceso de aprendizaje.

¿Cómo se interrelacionan la inteligencia emocional y la motivación?

• Autoconciencia emocional: Los alumnos y las alumnas emocionalmente conscientes son capaces de identificar lo que los motiva internamente. Esta capacidad les permite establecer metas personales que estén alineadas con sus intereses y emociones, lo que genera un mayor compromiso con su propio proceso de aprendizaje.

• Empatía: La empatía permite a los docentes conectar con las necesidades emocionales de los estudiantes, comprender sus preocupaciones y barreras emocionales, y apoyarlos de manera efectiva en su desarrollo. Esto contribuye a crear un ambiente de aprendizaje positivo que fomente la motivación.

• Autorregulación emocional: El alumnado que desarrolla habilidades de autorregulación puede gestionar sus emociones ante los desafíos académicos y superar la frustración de forma más efectiva, lo que los lleva a mantener la motivación para continuar aprendiendo incluso cuando se enfrentan a dificultades.

• Habilidades sociales: Los estudiantes que desarrollan habilidades sociales a través de la inteligencia emocional son capaces de trabajar mejor en equipo, lo que también les ayuda a mantenerse motivados en actividades grupales, ya que experimentan un sentido de pertenencia y colaboración.

Escena de aula

En un grupo donde parte del alumnado muestra desinterés por las tareas propuestas, el docente observa que insistir únicamente en la calificación o en las consecuencias negativas no mejora la implicación. Sin embargo, cuando se dedica tiempo a explicar el sentido de la actividad, a reconocer el esfuerzo realizado y a ajustar el nivel de exigencia, algunos estudiantes comienzan a participar de forma más activa.

Estos cambios no siempre son inmediatos ni generalizados, pero muestran que la motivación se construye a través de experiencias emocionales de seguridad, reconocimiento y pertenencia.

2. Tipos de motivación: intrínseca y extrínseca

La motivación puede clasificarse en dos tipos: intrínseca y extrínseca. Ambos tipos son importantes en el proceso educativo, pero la inteligencia emocional juega un papel clave en cómo se gestionan y se equilibran estos dos tipos de motivación.

Motivación Intrínseca:

Es la motivación que proviene de dentro del individuo. Un estudiante motivado intrínsecamente realiza tareas o actividades por el placer de aprender, por el desafío personal que representan o por la satisfacción que le genera lograr sus objetivos.

¿Pero cómo la inteligencia emocional favorece la motivación intrínseca? Los docentes emocionalmente inteligentes pueden ayudar a los alumnos y alumnas a identificar sus propias pasiones e intereses, lo que les permite relacionar el contenido académico con sus emociones y valores personales. Al hacerlo, los estudiantes se sienten más conectados con su aprendizaje y, por ende, su motivación intrínseca aumenta. Por ejemplo:

Imaginemos a un profesor de ciencias que nota que uno de sus alumnos muestra poco interés en las lecciones y tiende a desconectarse durante las actividades en clase. En lugar de simplemente reforzar la importancia del contenido desde una perspectiva académica, el docente utiliza su inteligencia emocional para conocer más sobre el estudiante y sus intereses. Después de conversar con él, descubre que le apasionan los videojuegos y la programación.

Con esta información, el profesor adapta su enfoque y plantea una actividad en la que los alumnos y las alumnas deben diseñar un videojuego educativo, que explique un concepto de física, como la gravedad o la energía. A través de esta actividad, el alumno en cuestión puede aplicar su pasión por los videojuegos a un contenido académico, lo que hace que se sienta más motivado e involucrado en el aprendizaje. El estudiante ahora ve el valor personal en lo que está aprendiendo, lo que incrementa su motivación intrínseca, ya que está aprendiendo de una manera que conecta con sus propios intereses y emociones.

Este enfoque demuestra cómo la inteligencia emocional del docente puede ayudar a los estudiantes a encontrar un vínculo entre sus intereses personales y el contenido académico, fomentando una motivación más profunda y genuina.

Motivación intrínseca:

Este tipo de motivación está influenciado por factores externos, como recompensas (notas, premios, reconocimiento) o la evitación de consecuencias negativas (castigos, desaprobación). Si bien la motivación extrínseca también es importante, no siempre es sostenible en el tiempo.

¿Y cómo la inteligencia emocional favorece la motivación extrínseca?

Los docentes pueden usar su inteligencia emocional para crear un sistema de recompensas y reconocimientos que refuerce el comportamiento positivo de los estudiantes sin que esto se convierta en el único motor de su aprendizaje. Además, la inteligencia emocional ayuda a los docentes a establecer expectativas claras, justas y alcanzables, lo que contribuye a mantener el compromiso y la motivación extrínseca de los estudiantes. Por ejemplo:

Un docente de lengua y literatura desea fomentar la motivación extrínseca en sus estudiantes, pero asegurándose de que esta no sea la única fuente de impulso para su aprendizaje. Usando su inteligencia emocional, crea un sistema en el que los alumnos y las alumnas pueden ganar puntos de recompensa al completar tareas de manera puntual, participar activamente en clase o mostrar mejora en sus habilidades de escritura. Estos puntos pueden canjearse por recompensas pequeñas, como una salida extra al recreo o el derecho de elegir un tema para una actividad en clase.

Sin embargo, el docente también establece expectativas claras para que los estudiantes sepan que el esfuerzo constante es lo que realmente importa. A través de conversaciones personales y grupales, el profesor hace saber a su alumnado que estas recompensas son un reconocimiento a su dedicación, pero que el verdadero valor del aprendizaje radica en su desarrollo personal y en el disfrute de las actividades que hacen.

Por ejemplo, cuando un estudiante logra cumplir con todas las expectativas de la clase durante un mes, recibe un certificado de esfuerzo, lo que no solo refuerza su comportamiento positivo, sino que también resalta su compromiso y esfuerzo. El reconocimiento es clave aquí, pero el docente siempre asegura que los alumnos y las alumnas entiendan que la motivación debe venir también del interés y la satisfacción personal de aprender, no solo de las recompensas externas.

Este sistema no solo refuerza la motivación extrínseca, sino que también ayuda a los estudiantes a asociar el esfuerzo y el logro con un sentido más profundo de satisfacción personal y crecimiento.

3. Estrategias para potenciar la motivación de los estudiantes a través de la Inteligencia Emocional

Existen varias estrategias que los docentes pueden utilizar para aumentar la motivación de los estudiantes a través de la inteligencia emocional. Estas estrategias se centran en la creación de un ambiente emocionalmente positivo, el fortalecimiento de la autoestima y la confianza de los estudiantes, y la promoción de un enfoque equilibrado entre motivación intrínseca y extrínseca.

Estrategias clave para potenciar la motivación en el aula:

- Establecimiento de metas alcanzables: Los docentes deben ayudar a los estudiantes a establecer metas claras, alcanzables y desafiantes. Este proceso implica tanto la identificación de las emociones que los estudiantes experimentan cuando alcanzan estas metas como el fortalecimiento de la autorregulación emocional para superar obstáculos. El cumplimiento de metas genera un sentido de logro que alimenta la motivación intrínseca.
- Fomentar la autonomía y el sentido de control: Cuando los alumnos y las alumnas sienten que tienen cierto control sobre su aprendizaje, su motivación se incrementa. Los docentes pueden fomentar la autonomía permitiendo que los estudiantes tomen decisiones sobre su propio proceso de aprendizaje, como elegir temas para investigar o diseñar sus propios proyectos.
- Refuerzo positivo y reconocimiento emocional: El reconocimiento emocional,

como el elogio genuino por los esfuerzos realizados (más allá de los resultados), es crucial para aumentar la motivación. Los docentes deben aprender a identificar los logros pequeños y celebrar los avances, lo que ayuda a los estudiantes a sentirse valorados y motivados.

• Crear un ambiente seguro y positivo: Un aula emocionalmente segura, donde los estudiantes se sientan aceptados y respetados, facilita la motivación. La inteligencia emocional del docente ayuda a crear este tipo de entorno al ser consciente de las emociones de los estudiantes y reaccionar de manera empática ante sus necesidades emocionales.

• Modelar la pasión y el entusiasmo: Los profesores que demuestran pasión por su materia y entusiasmo por enseñar inspiran a los estudiantes. La inteligencia emocional también incluye la capacidad de contagiar emociones positivas a los demás, lo que puede generar un ambiente motivador y estimulante.

4. Desafíos de la motivación en estudiantes con bajos niveles emocionales

Algunos estudiantes pueden experimentar dificultades para mantenerse motivados debido a factores emocionales o personales, como la falta de confianza, el miedo al fracaso o problemas familiares o sociales. Estos estudiantes pueden tener dificultades para gestionar sus emociones y, como resultado, su motivación disminuye.

Estrategias para ayudar a estudiantes con bajos niveles emocionales:

• Fomentar la resiliencia emocional: Enseñar a los estudiantes cómo superar los fracasos y enfrentar las dificultades de manera constructiva es clave para mejorar su motivación. La resiliencia se puede desarrollar a través de ejercicios de reflexión sobre los errores y el aprendizaje que proviene de ellos.

• Establecer relaciones de confianza: Los docentes emocionalmente inteligentes saben cómo construir relaciones de confianza con los estudiantes. Esto es crucial para aquellos que enfrentan dificultades emocionales, ya que sentirse apoyados y comprendidos aumenta su motivación para superar sus retos.

• Ofrecer apoyo emocional personalizado: Algunos alumnos o alumnas pueden necesitar apoyo emocional adicional, como sesiones de tutoría o ciertos consejos. La inteligencia emocional del docente les permite identificar estos estudiantes y ofrecerles la ayuda necesaria.

5. La motivación en el contexto de la diversidad

La motivación de los estudiantes también puede estar influenciada por sus contextos culturales, sociales y emocionales. Un docente que promueve la inteligencia emocional puede reconocer estas diferencias y adaptarse a las diversas necesidades emocionales de los estudiantes para mantener su motivación alta.

Estrategias para fomentar la motivación en aulas diversas:

• Celebrar la diversidad: Crear actividades que celebren la cultura y las experiencias personales de los estudiantes puede aumentar su sentido de pertenencia y, por ende, su motivación. Los estudiantes se sienten más motivados cuando ven que su identidad es valorada en el aula.
• Ajustar las expectativas y estrategias de enseñanza: La motivación de los estudiantes puede mejorar cuando los docentes ajustan sus enfoques pedagógicos para que sean inclusivos, considerando las diferentes formas de aprendizaje y expresión emocional de cada estudiante.

Dificultades habituales al trabajar la motivación del alumnado

Fomentar la motivación del alumnado desde una perspectiva emocional puede generar frustración en el profesorado cuando los resultados no son inmediatos o visibles. No todo el alumnado responde de la misma manera a las mismas estrategias, y algunos pueden mostrar una resistencia persistente al aprendizaje.

Además, existen factores externos al aula —familiares, sociales o personales— que influyen directamente en la motivación y que escapan al control del docente. Ignorar estos factores puede llevar a una sobrecarga emocional y a una sensación de ineficacia profesional.

Reconocer estos límites permite entender la motivación como un proceso complejo, en el que el docente acompaña y facilita, pero no controla completamente los resultados.

Conclusión del capítulo 8

La inteligencia emocional es un componente esencial para potenciar la motivación en el aula. Los docentes que comprenden y gestionan sus propias emociones, y las de sus alumnos y alumnas, pueden crear un entorno de aprendizaje emocionalmente enriquecedor que fomente tanto la motivación intrínseca como la extrínseca. Al aplicar las estrategias mencionadas en este capítulo, los profesores pueden aumentar la motivación de los estudiantes, ayudándoles a alcanzar su máximo potencial académico y personal. El desarrollo de la motivación es un proceso continuo que depende de la interacción de factores emocionales, sociales y pedagógicos, y la inteligencia emocional proporciona las herramientas necesarias para gestionar este proceso de manera efectiva.

Desde esta perspectiva, la motivación no se impone ni se garantiza, sino que se favorece creando contextos emocionales que hagan posible el compromiso con el aprendizaje.

Capítulo 9: ejercicios prácticos para docentes

Introducción

A continuación, se proponen algunos ejercicios prácticos para ayudar a los docentes a integrar la inteligencia emocional en su vida diaria y en su práctica pedagógica. Estos ejercicios están diseñados para fomentar la autorreflexión, mejorar la empatía y gestionar de manera más efectiva las emociones dentro del aula.

1. Ejercicio de autorregulación emocional: "El Diario de la Emoción"

- *Objetivo:* Aumentar la conciencia emocional y la autorregulación.

- *Instrucciones:* Dedica unos minutos cada día a escribir en un diario sobre las emociones que experimentaste durante el día. Reflexiona sobre los momentos en los que experimentaste emociones intensas (positivas o negativas) y cómo las gestionaste. Pregúntate qué factores contribuyeron a esos sentimientos y si hay formas en las que podrías haber manejado la situación de manera diferente.

-*Beneficio:* Este ejercicio permite que el docente tome conciencia de sus propias emociones y aprenda a manejarlas mejor en situaciones de estrés.

2. Ejercicio de empatía: "Ponte en los zapatos del estudiante"

-*Objetivo*: Desarrollar la empatía hacia los estudiantes y sus emociones.

-*Instrucciones*: Elige a un estudiante con el que sientas que tienes una relación más distante o que presenta dificultades para conectar emocionalmente. Haz el esfuerzo de observar su comportamiento durante un día completo. Intenta identificar los posibles factores emocionales que podrían estar afectando su actitud o rendimiento. Luego, imagina cómo te sentirías si estuvieras en su lugar.

-*Beneficio*: Este ejercicio ayuda a los docentes a comprender mejor las emociones y necesidades de los estudiantes, lo que mejora la calidad de la relación profesor-alumno.

3. Ejercicio de gestión emocional en momentos de conflicto: "Respira y Actúa"

-*Objetivo*: Mejorar la gestión de emociones en situaciones de tensión o conflicto.

-*Instrucciones*: Durante un conflicto en el aula, cuando las emociones están a flor de piel, toma un momento para hacer respiraciones profundas y centrarte en el presente. Después de unas respiraciones, responde de manera calmada y reflexiva. El objetivo es no reaccionar impulsivamente, sino actuar con conciencia emocional.

-*Beneficio:* Este ejercicio enseña a los docentes a tomar un respiro antes de responder a situaciones conflictivas, lo que mejora su capacidad para manejar el estrés y la frustración.

4: Establecimiento de límites emocionales saludables

- *Objetivo:* Fomentar el autocuidado y gestionar las emociones de manera adecuada.

- *Instrucciones:* Para practicar este ejercicio, el docente puede identificar las situaciones que tienden a provocar agotamiento emocional o estrés excesivo. Luego, puede establecer límites saludables para proteger su bienestar emocional.

1.   El docente dedica unos minutos para reflexionar sobre las situaciones que le resultan emocionalmente desgastantes en el aula (por ejemplo, manejar conflictos constantes o lidiar con alumnado disruptivo).

2.   Establece límites claros, como tomarse un pequeño descanso entre clases, pedir apoyo a colegas profesores cuando se necesite o comunicar de manera asertiva cuándo está disponible para hablar con los estudiantes y cuándo necesita tiempo para descansar.

3.   A lo largo de la semana, el docente practica estos límites, asegurándose de que respeta sus propias necesidades emocionales.

-*Beneficios:* Este ejercicio ayuda a los profesores a gestionar su bienestar emocional y prevenir el agotamiento, lo que les permite estar más presentes y ser más efectivos en su enseñanza.

5. Práctica de gratitud diaria

-*Objetivo:* Fomentar una mentalidad positiva y resiliente entre los docentes.

-*Instrucciones:* Este ejercicio tiene como propósito ayudar a los docentes a centrarse en lo positivo y ser más conscientes de las cosas por las que pueden estar agradecidos en su día a día, lo cual puede mejorar el bienestar emocional.

1. Cada mañana, antes de comenzar el día, el profesor dedica 5 minutos a reflexionar sobre tres cosas por las que se siente agradecido (por ejemplo, un alumno que mostró una mejora, un momento especial con un colega profesor o un logro personal reciente).

2. El docente anota estas tres cosas en una libreta o en una aplicación de notas.

3. Al final de la jornada, dedica otros 5 minutos a revisar esas notas y reflexionar sobre cómo esas experiencias positivas impactaron su día.

-*Beneficio:* Este ejercicio ayuda a los docentes a mantener una perspectiva positiva, incluso en momentos de estrés o desafío, y promueve el bienestar emocional tanto a nivel personal como profesional.

6: Crear un "espacio emocional seguro" en el aula

Objetivo: Fomentar un ambiente de confianza donde los estudiantes puedan expresar sus emociones libremente.

-*Instrucciones*: Los docentes pueden practicar la inteligencia emocional creando un espacio dentro del aula donde los estudiantes se sientan cómodos compartiendo sus sentimientos y emociones. Este ejercicio promueve un ambiente emocionalmente saludable en el aula.

1. El docente establece una rutina diaria o semanal en la que los alumnos y las alumnas puedan expresar cómo se sienten antes de comenzar con las actividades académicas.

2. Para ello, se puede crear un "rincón emocional" con materiales como tarjetas, dibujos o carteles donde los estudiantes pueden señalar cómo se sienten ese día (por ejemplo, usando colores o emoticonos).

3. El profesor toma unos minutos para revisar cómo se siente el alumnado, validando sus emociones sin juzgar ni minimizar sus experiencias.

4. Si algún estudiante está pasando por una emoción difícil, el docente le dedica un espacio privado para hablar más sobre ello si lo desea, mostrando empatía y ofreciendo apoyo emocional.

-*Beneficios*: Este ejercicio fomenta un ambiente de apertura emocional donde los estudiantes se sienten seguros y comprendidos, lo que mejora su bienestar emocional y su motivación para aprender.

Conclusión capítulo 9

Integrar la inteligencia emocional en la práctica docente es un proceso continuo y enriquecedor que no solo beneficia al docente, sino también a los estudiantes, creando un entorno de aprendizaje más saludable, inclusivo y efectivo. Los ejercicios prácticos presentados en este capítulo están diseñados para fomentar la autorreflexión, mejorar la empatía y proporcionar herramientas para gestionar las emociones de manera efectiva. Al incorporar estas técnicas, los docentes no solo mejoran su bienestar emocional, sino que también promueven un aula en la que los estudiantes pueden desarrollar habilidades emocionales clave que les servirán a lo largo de su vida. La inteligencia emocional en el aula no es solo un conjunto de estrategias, sino una filosofía que valora las emociones como un componente esencial en el proceso educativo, permitiendo así el crecimiento tanto personal como académico de todos los involucrados.

Para llevar al aula

Idea clave: La motivación del alumnado crece cuando se siente comprendido, reconocido y parte activa del proceso de aprendizaje.

Práctica concreta (5–10 minutos): Antes de iniciar una tarea, explica brevemente para qué sirve y qué puede aportar al alumnado, más allá de la calificación.

Frase docente útil: "Quiero que entendáis por qué hacemos esta actividad y qué podéis aprender de ella." Error frecuente a evitar: Creer que la motivación depende únicamente del esfuerzo o de la actitud del alumnado.

Capítulo 10: guía para aplicar la inteligencia emocional en la vida cotidiana del docente

Introducción

La inteligencia emocional no solo debe aplicarse en el aula, sino también en la vida cotidiana del docente. Aquí ofrecemos una guía con acciones sencillas que pueden integrarse en la rutina diaria para mejorar la gestión emocional y fomentar una práctica docente más consciente y efectiva.

1. Autocuidado emocional:

* Acción: Dedica tiempo al autocuidado fuera del aula. Practica actividades que te relajen y te conecten contigo mismo, como meditación, ejercicio físico, leer o disfrutar de una actividad creativa.

* Beneficio: El autocuidado es esencial para mantener una buena salud emocional, lo que te permite estar más presente y disponible emocionalmente para tus estudiantes.

Escena profesional

En el día a día docente, no siempre es posible parar, reflexionar o aplicar todas las estrategias aprendidas. Hay jornadas en las que el cansancio pesa más que la intención pedagógica. En esos momentos, reconocer los propios límites y permitirse bajar el nivel de exigencia también forma parte de una práctica emocionalmente inteligente.

Cuidarse como docente no implica hacerlo todo bien, sino sostenerse lo suficiente para poder continuar.

2. Desarrollar habilidades de escucha activa:

* Acción: En tu interacción con los estudiantes, haz un esfuerzo consciente por escuchar más allá de las palabras. Presta atención a su lenguaje corporal, tono de voz y emociones subyacentes. Muestra empatía respondiendo de manera reflexiva y validando sus sentimientos.

* Beneficio: La escucha activa ayuda a crear un ambiente de confianza y apoyo,

lo que facilita la conexión emocional con los estudiantes y mejora la comunicación en el aula.

3. Fomentar un entorno emocionalmente seguro:

* Acción: Crea un entorno en el aula donde los estudiantes se sientan cómodos para expresar sus emociones. Esto incluye establecer normas claras de respeto mutuo, reconocer los logros emocionales y académicos de los estudiantes, y estar disponible para escucharlos cuando lo necesiten.

* Beneficio: Un entorno emocionalmente seguro permite a los estudiantes sentirse valorados y respetados, lo que promueve un aprendizaje más profundo y significativo.

4. Reflexión diaria:

Acción: Al final de cada jornada escolar, reflexiona sobre cómo manejaste las emociones de los estudiantes y las tuyas propias durante el día. Piensa en qué situaciones emocionales ocurrieron y qué acciones tomaste para gestionarlas. ¿Hubo momentos en los que pudiste haber reaccionado de manera diferente?

Beneficio: La reflexión continua sobre tu práctica docente te permite ajustar y mejorar constantemente la manera en que manejas las emociones en el aula, favoreciendo un ambiente de aprendizaje más equilibrado y positivo.

Dificultades habituales al integrar la inteligencia emocional en la vida docente

Integrar la inteligencia emocional en la vida cotidiana del docente no siempre resulta sencillo. La rutina, la presión del tiempo y las múltiples responsabilidades pueden hacer que las buenas intenciones queden relegadas a un segundo plano.

Además, algunos docentes pueden experimentar la sensación de que cuidar su bienestar emocional entra en conflicto con las exigencias profesionales o con las expectativas del entorno. Esta percepción dificulta la consolidación de hábitos de autocuidado.

Reconocer estas dificultades permite entender la inteligencia emocional no como una meta a alcanzar, sino como una actitud que se revisa y ajusta continuamente a lo largo de la trayectoria profesional.

Conclusión capítulo 10

La integración de la inteligencia emocional en la vida cotidiana del docente es esencial para crear un ambiente de aprendizaje saludable y efectivo, tanto para el educador como para los estudiantes. A lo largo de este capítulo, hemos explorado cómo acciones sencillas, como el autocuidado emocional, la escucha activa, la creación de un entorno emocionalmente seguro y la reflexión diaria, pueden transformar no solo la práctica pedagógica, sino también el bienestar personal del docente.

Al aplicar estos principios, los docentes no solo desarrollan una mayor resiliencia frente a los desafíos cotidianos, sino que también fomentan una cultura de empatía, respeto y colaboración en el aula. La inteligencia emocional no es un concepto abstracto, sino una herramienta concreta que, cuando se cultiva y se aplica de manera consistente, tiene un impacto profundo y positivo en la calidad educativa y en las relaciones interpersonales dentro de la escuela. Al final, ser un docente emocionalmente inteligente no solo mejora la dinámica del aula, sino que también permite que los educadores disfruten de una carrera más satisfactoria y equilibrada.

Aplicar la inteligencia emocional en la vida docente no implica transformar radicalmente la práctica, sino introducir pequeños cambios conscientes que hagan el día a día más habitable y sostenible.

Para llevar al aula

Idea clave: La inteligencia emocional también se practica fuera del aula, en la forma en que el docente se cuida y se trata a sí mismo.

Práctica concreta (5 minutos): Al final del día, identifica una decisión que hayas tomado desde la calma o la conciencia emocional, por pequeña que sea.

Frase docente útil: "Hoy he hecho lo que estaba en mi mano, y es suficiente."

Error frecuente a evitar: Entender el autocuidado como algo secundario o prescindible en la profesión docente.

Reflexiones finales

La evolución del rol del docente ha transformado profundamente la relación entre la autoridad educativa y los estudiantes. El docente ya no es una figura intocable, sino que debe trabajar constantemente para ganar el respeto y la confianza de sus estudiantes a través de relaciones basadas en la empatía, la comunicación y la cooperación. En este contexto, la inteligencia emocional se ha convertido en una habilidad esencial para los educadores, permitiéndoles gestionar sus propias emociones y comprender las de sus estudiantes, promoviendo un ambiente de aula que favorezca el aprendizaje y el bienestar.

El futuro de la educación estará marcado por un enfoque más inclusivo, centrado en el bienestar integral de los estudiantes. Los docentes emocionalmente inteligentes serán clave para crear aulas donde el respeto, la colaboración y la motivación intrínseca sean los pilares del proceso educativo. Además, la creciente diversidad cultural y social, junto con los desafíos derivados de la digitalización y la salud mental, requieren docentes capaces de manejar una variedad de situaciones emocionales con eficacia y sensibilidad.

Es imprescindible que los sistemas educativos inviertan en la formación continua de los profesores en el desarrollo de competencias emocionales. De esta forma, los docentes del futuro podrán afrontar los retos de la educación del siglo XXI, brindando a los estudiantes no solo conocimientos académicos, sino también las habilidades emocionales necesarias para navegar un mundo complejo y cambiante. La inteligencia emocional, por tanto, se posiciona como una de las claves para la construcción de una educación más humana, inclusiva y exitosa.

La inteligencia emocional no ofrece recetas universales ni soluciones inmediatas a los desafíos de la educación. Sin embargo, proporciona una mirada más consciente sobre las relaciones, las emociones y los contextos en los que se desarrolla la práctica docente.

A lo largo de este libro se ha intentado ofrecer un enfoque realista, cercano y aplicable, reconociendo tanto el valor del trabajo emocional como sus límites. Ser docente emocionalmente inteligente no significa no equivocarse, sino aprender a leer lo que ocurre en el aula y en uno mismo para responder con mayor conciencia.

En un contexto educativo cada vez más complejo, cuidar las emociones —propias y ajenas— no es un añadido, sino una necesidad para sostener una enseñanza humana, comprometida y posible.

Referencias

- Duckworth, A. L., & Seligman, M. E. P. (2018). Self-discipline outdoes IQ in predicting academic performance of adolescents. *Personality and Individual Differences, 46*(3), 285-290.
- Goleman, D. (1995). *Inteligencia emocional: Por qué puede importar más que el CI*. Bantam Books.
- Goleman, D. (2007). La práctica de la inteligencia emocional. Editorial Kairós.
- Rojas Estapé, M. (2017). Inteligencia emocional en la educación. Editorial Planeta.
- Hattie, J. (2019). *Aprendizaje visible: Una síntesis de más de 800 metaanálisis relacionados con el rendimiento*. Routledge.
- Walton, G. M., & Cohen, G. L. (2011). A question of belonging: Race, social fit, and achievement. *Psychological Science, 22*(7), 823-830.
- Jon Kabat-Zinn - Vivir con plenitud las crisis (o La práctica del mindfulness).
- Thich Nhat Hanh - El milagro de la atención plena.